I0762551

el MUNDO en NÚMEROS

DINOSAURIOS

Y OTROS ANIMALES PREHISTÓRICOS

UNA ENCICLOPEDIA DE DATOS FANTÁSTICOS

72 cm
5 300 newtons
5 ojos
86 %
47 g
13,4 m
15 cuernos
86 años
63 toneladas
45 km/h
9 especies
233 millones
120°

1130 KG
30 °C
4 VECES

DK

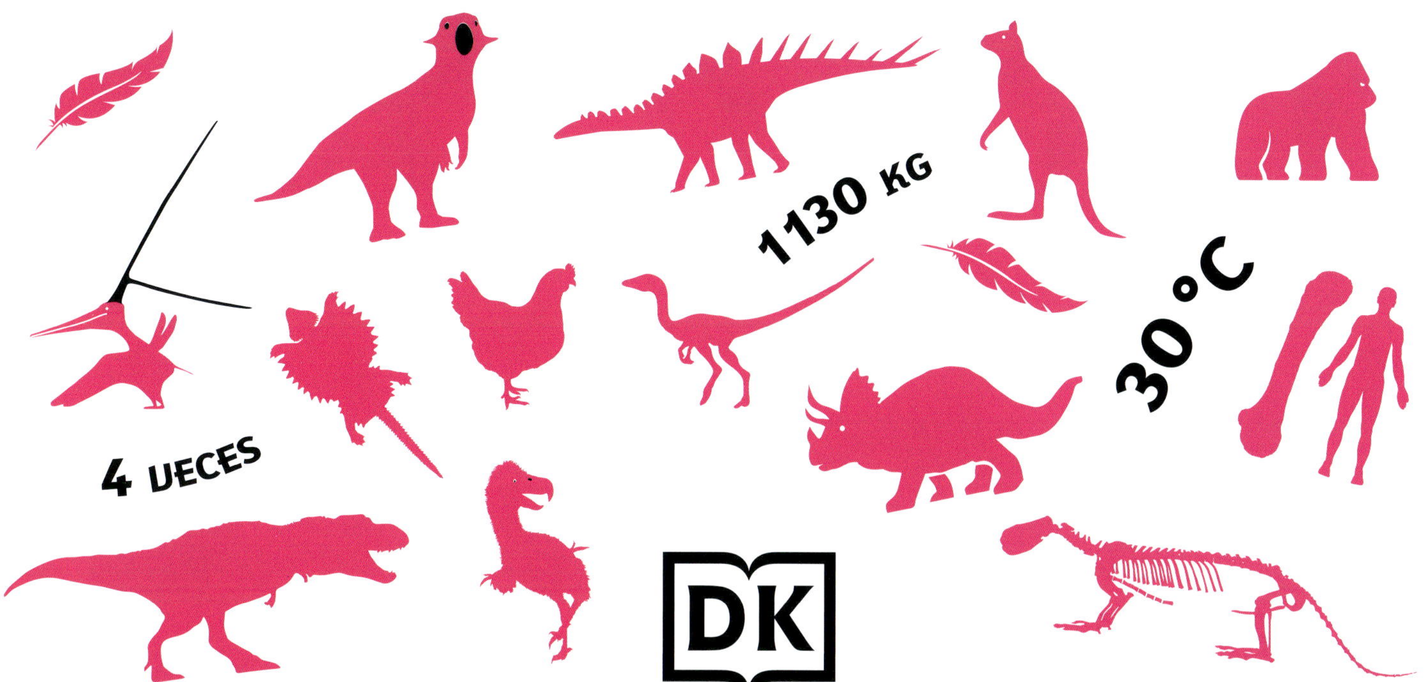

el MUNDO en NÚMEROS

DINOSAURIOS

Y OTROS ANIMALES PREHISTÓRICOS

UNA ENCICLOPEDIA DE DATOS FANTÁSTICOS

Escrito por
WILLIAM POTTER, ALICIA WILLIAMSON Y RICHARD MEAD

Consultor experto
DR. DEAN LOMAX

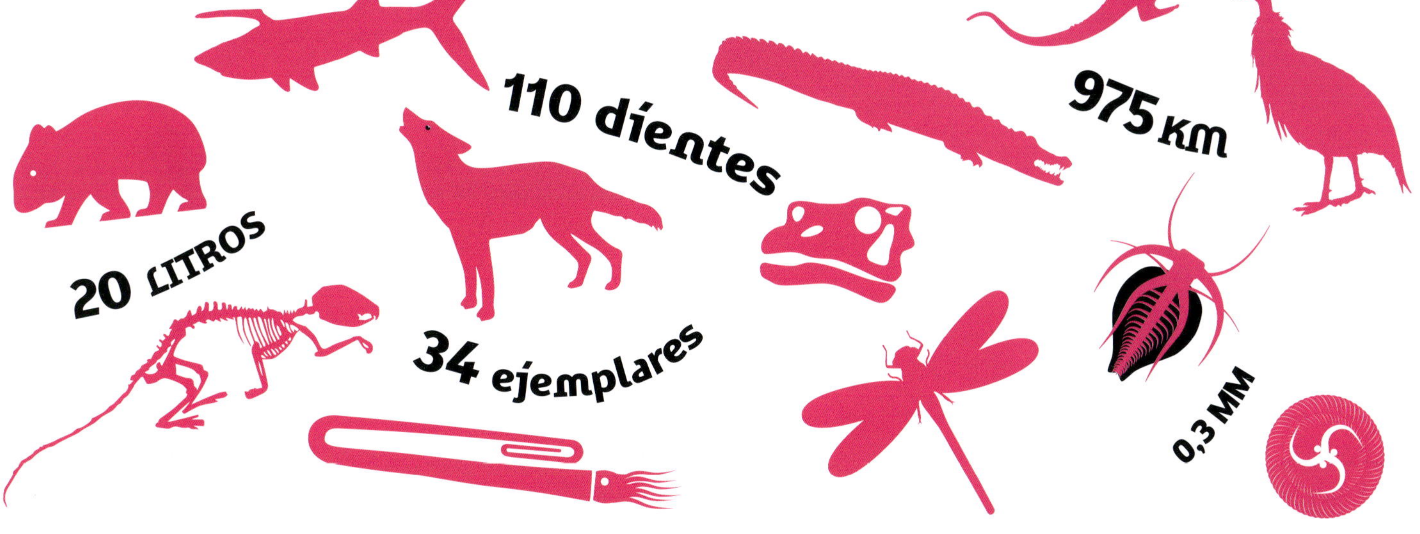
110 dientes
975 KM
20 LITROS
34 ejemplares
0,3 MM

CONTENIDOS

Producido para DK por Dynamo Limited
1 Cathedral Court, Southernhay East, Exeter EX1 1AF

Edición asociada Alicia Williamson
Diseño asociado Jeremy Marshall
Consultor experto Dr. Dean Lomax

Edición del proyecto Sarah Carpenter, Jolyon Goddard
Edición de arte sénior Jacqui Swan
Edición ejecutiva Rachel Fox
Edición de arte ejecutiva Owen Peyton Jones
Edición de producción Robert Dunn
Control de producción Laura Brand
Diseño de cubierta Vidushi Chaudhry
Diseño de DTP Rakesh Kumar
Coordinación de cubiertas sénior
Priyanka Sharma Saddi
Dirección de desarrollo de diseño Sophia MTT
Dirección editorial Andrew Mcintyre
Dirección de arte Karen Self
Subdirección de publicaciones Liz Wheeler
Dirección de publicaciones Jonathan Metcalf

De la edición en español:
Servicios editoriales JuanStudio
Traducción Ariadna Ausió
Coordinación de proyecto Marina Alcione Olmos
Dirección editorial Elsa Vicente

Publicado originalmente en Gran Bretaña en 2024 por Dorling Kindersley Limited DK, 20 Vauxhall Bridge Road, London SW1V 2SA

007-339263-Sep/2025

ISBN: 979-8-2171-3000-9

Impreso y encuadernado en China

www.dk.com

Este libro se ha impreso con papel certificado por el Forest Stewardship Council™ como parte del compromiso de DK por un futuro sostenible. Para más información, visita **www.dk.com/uk/ information/ sustainability**

ANTES DE LOS DINOSAURIOS

EL TRIÁSICO

EL JURÁSICO

EL CRETÁCICO

DESPUÉS DE LOS DINOSAURIOS

NOTA: LOS DATOS Y ESTADÍSTICAS DE ESTE LIBRO SON CORRECTOS EN EL MOMENTO DE SU IMPRESIÓN.

LOS DINOSAURIOS EN NÚMEROS

Utilizamos los números para contar, calcular, medir y comparar. Los números nos ayudan a comprender nuestro mundo actual, así como su pasado de 4500 millones de años. Pero ¿cómo obtenemos estadísticas sobre animales que vivieron y se extinguieron hace millones de años? Los paleontólogos (científicos que estudian la vida antigua) trabajan con fósiles para ayudarnos a entender a los animales prehistóricos. Cada año se descubren 50 especies de dinosaurios nuevas, por lo que la ciencia de los fósiles se encuentra en constante evolución.

¿Qué es un fósil?

Los fósiles son los restos o rastros de vida antigua que se han conservado. Se forman cuando un animal queda enterrado poco después de morir. A veces una impresión o un molde permanecen plasmados en una roca o los huesos de un animal quedan sustituidos lentamente por minerales que se convierten en roca.

Pistas ocultas

Los fósiles, además de informarnos sobre el esqueleto de un animal, contienen pistas sobre lo que comían, dónde vivían, cómo se movían... Un cráneo, por ejemplo, puede revelar información sobre el cerebro, el oído, la vista, el olfato y los hábitos alimentarios de una criatura.

Nuestros conocimientos cambian

Los nuevos hallazgos a menudo desmienten las antiguas ideas sobre los dinosaurios. Cuando se encontraron los primeros huesos del *Spinosaurus* en 1912, los científicos supusieron que este depredador del Cretácico tenía un cráneo, una postura y una cola muy parecidos a los del *T. rex*. Un esqueleto más completo desenterrado en la década de 2010 ha demostrado que el *Spinosaurus* era más extraño de lo que imaginábamos. Como se ve en la imagen de abajo, tenía un hocico largo y delgado, una postura mucho menos erguida y una poderosa cola en forma de aleta a juego con su alta vela dorsal. Estos rasgos inesperados hicieron que los científicos se dieran cuenta de que el *Spinosaurus* tal vez pasaba mucho tiempo en el agua, merodeando por las profundidades en busca de de presas.

Piezas que faltan

Los fósiles solo representan un rastro diminuto de toda la vida que ha existido. La fosilización es un acontecimiento excepcional y fortuito, y es más probable que se conserven algunas criaturas –y partes de criaturas– que otras. En general, los ejemplares están incompletos y es más probable que se conserven las partes más duras, como los dientes.

Probablemente, y no indudablemente

La mayoría de las cifras relacionadas con criaturas prehistóricas vienen acompañadas de un «probablemente». Aunque todos los datos de este libro se basan en estudios científicos, las formas en que los expertos obtienen las estadísticas se debaten y se actualizan constantemente. Puesto que las pruebas, las herramientas y los métodos utilizados para hacer los cálculos cambian, las cifras también deben revisarse.

Detrás de las estadísticas

¿Cómo utilizan los científicos las pruebas fósiles para realizar cálculos sobre criaturas prehistóricas? Cuando algo no puede contarse o medirse sin más, los expertos crean estimaciones utilizando modelos físicos, matemáticos e informáticos que se basan en lo que sabemos sobre especies afines y animales modernos con características similares.

¿Hace cuánto vivía el *Parasaurolophus*?

Los científicos calculan la antigüedad de un fósil en función de su ubicación dentro de las capas de roca donde se encontró.
Por lo general, cuanto más abajo aparece un fósil, más antiguo es. Las capas se suelen datar midiendo los elementos radiactivos que contienen.

¿Cuánto medía el saurópodo más grande?

La longitud de un dinosaurio se mide desde la punta de la nariz hasta el final de la cola, a menudo muy larga.
Aunque los científicos solo hayan encontrado algunos huesos de un dinosaurio concreto, pueden predecir su longitud comparando los huesos con los de especies afines con esqueletos fósiles más completos. En el caso de criaturas como el cocodrilo, también pueden basarse en sus parientes vivos con tipos de cuerpo similares.

¿Con qué rapidez corría el *Allosaurus*?

Una forma de calcular la velocidad de un dinosaurio es medir la profundidad y la distancia entre las huellas de sus rastros fósiles. La altura de la cadera y la longitud de la zancada también son importantes. Por otra parte, los científicos pueden calcular la velocidad de una criatura utilizando las velocidades registradas por animales vivos con anatomías similares.

¿Era fuerte la mordedura del *Kronosaurus*?

Los paleontólogos pueden determinar la fuerza de la mordedura de un animal reconstruyendo los músculos de su mandíbula y comparándolos con los de animales vivos mediante simulaciones por ordenador. La fuerza (potencia) de la mordedura de un animal suele medirse en newtons.

¿Cuánto pesaba el dinosaurio más pequeño?

La masa de un dinosaurio suele calcularse a partir del peso que podían soportar los huesos de sus patas, tomando como referencia animales vivos. En la actualidad, los escáneres láser de esqueletos fósiles permiten a los científicos crear modelos informáticos de la constitución de un dinosaurio que incluso tienen en cuenta la densidad de las distintas partes del cuerpo.

CRONOLOGÍA DE LA VIDA

Para dar sentido a los cientos de millones de años que componen la historia de la Tierra, los científicos la han dividido en diferentes eras, que a su vez se dividen en períodos.

ERA PRECÁMBRICA

PRECÁMBRICO

Hace 4600-541 Ma

La Tierra se formó cuando una nube de gas y polvo se unió debido a la fuerza de la gravedad. La primera forma de vida, los organismos unicelulares, surgió hace 3500 millones de años.

ERA PALEOZOICA

CÁMBRICO

Hace 541-485 Ma

Los organismos pluricelulares empezaron a aparecer en el océano, lo que provocó una «explosión» de invertebrados.

ORDOVÍCICO

Hace 485-444 Ma

La vida oceánica siguió prosperando y evolucionando, con diversos invertebrados marinos, como trilobites y braquiópodos.

PÉRMICO

Hace 299-252 Ma

Los reptiles, junto con los antepasados de los mamíferos, ya estaban en auge cuando una devastadora extinción aniquiló la mayor parte de la vida en la Tierra.

ERA MESOZOICA

TRIÁSICO

Hace 252-201 Ma

La recuperación de la peor extinción de la Tierra fue lenta. Tras millones de años, aparecieron nuevos animales y los primeros dinosaurios, pterosaurios e ictiosaurios de la historia.

ERA CENOZOICA

PALEÓGENO

Hace 66-23 Ma

Con los dinosaurios desaparecidos, los mamíferos tuvieron la oportunidad de tomar su relevo y prosperar. Se diversificaron y se hicieron mucho más grandes en la tierra y también en el mar.

NEÓGENO

Hace 23-2,6 Ma

Muchos animales que todavía existen en la actualidad aparecieron durante este período, como los elefantes y los simios. También fue cuando los primeros antepasados humanos empezaron a caminar erguidos.

Nota: Ma significa "millones de años".

SILÚRICO

Hace 444-419 Ma

Muchas plantas prosperaron en el mar, mientras que otras se extendieron por la tierra. Los arrecifes de coral empezaron a crecer en los océanos cálidos.

DEVÓNICO

Hace 419-359 Ma

Conocida a veces como la «era de los peces» debido a la abundancia de vida marina, el Devónico fue testigo de cómo algunos peces abandonaban el agua para convertirse en los primeros anfibios terrestres.

CARBONÍFERO

Hace 359-299 Ma

En tierra se formaron extensos bosques pantanosos que dieron lugar a enormes bichos herbívoros. Aparecieron los primeros reptiles, que, en comparación, eran diminutos.

JURÁSICO

Hace 201-145 Ma

En aquel momento, la Tierra ya estaba ocupada por dinosaurios de todo tipo, desde herbívoros enormes y torpes hasta rápidos depredadores carnívoros, así como las primeras aves.

CRETÁCICO

Hace 145-66 Ma

Las plantas con flores se extendieron por todas partes mientras los dinosaurios dominaban el planeta... hasta que un asteroide (roca espacial) impactó contra la Tierra y provocó la extinción de casi todos los dinosaurios.

CUATERNARIO

Hace 2,6 Ma-actualidad

Durante este período hubo muchas glaciaciones. Hacia el final de la última se extinguió una temible megafauna. Hace 300 000 años, los humanos modernos aparecieron en África y luego en todo el mundo.

EL REGISTRO FÓSIL

La Tierra está cubierta de estratos (capas de roca) que se han ido formando a lo largo de millones de años. Cada capa representa un período concreto de la historia de la Tierra. Los fósiles de plantas y animales que aparecen en estas capas muestran cómo era la vida durante los períodos correspondientes.

ANTES DE LOS DINOSAURIOS

Los
PRIMEROS ANIMALES

Los primeros animales, tal vez hace 800 millones de años, evolucionaron en el mar. Eran criaturas simples, con cuerpos en forma de saco y sin esqueleto de ningún tipo. Los siguieron unos animales misteriosos que parecían hojas, plumas o gusanos planos y moteados.

El ***Dickinsonia*** tenía el aspecto de un gusano plano y ovalado **SIN CABEZA** y se descubrió por primera vez en **1946** en **AUSTRALIA.** Vivió hace unos **570 MILLONES DE AÑOS.**

El ***TRIBRACHIDIUM HERALDICUM*** tenía **FORMA DE DISCO** y un diámetro de hasta **4 cm**. Vivía en el **LECHO MARINO** y tenía **3 brazos** que le salían del centro.

El tamaño del ***DICKINSONIA*** variaba entre el ***DICKINSONIA COSTATA***, de **4 mm** de longitud, y el ***DICKINSONIA REX***, de **1 m**, que parecía una alfombra.

El ***Spriggina*** era una **CRIATURA DIMINUTA** con **40 segmentos** que vivía en aguas poco profundas y arenosas a **FINALES DEL PRECÁMBRICO.**

En el **NOROESTE DE RUSIA** se encontraron más de

1000

ejemplares fosilizados de ***KIMBERELLA***, un animal **OVALADO PARECIDO A LA BABOSA.**

El ***Mawsonites spriggi*** es un fósil ediacarano circular, con **19 radiaciones** que le salen del centro: es un **AUTÉNTICO MISTERIO.**

Los científicos pensaron que el ***DICKINSONIA*** podía ser un **HONGO**, hasta que una **PRUEBA MOLECULAR** demostró que en un **93%** estaba **COMPUESTO DE GRASA,** lo que prueba que era **UN ANIMAL.**

Los fósiles del **ANIMAL MARINO *Swartpuntia*** indican que tenían hasta **6 LÁMINAS EN FORMA DE PLUMA** de **TUBOS DELGADOS QUE SALÍAN** de **UN TALLO.**

El **PRIMER FÓSIL** del ***Charnia masoni***, un animal **PRECÁMBRICO** en forma de hoja, lo descubrieron unos escolares de **15 AÑOS** en **LEICESTERSHIRE, REINO UNIDO,** en la década de **1950.**

El cuerpo del ***Dickinsonia*** tenía entre **12** y **74** pares de **SEGMENTOS IGUALES.**

EN 2010, en Newfoundland Canadá, se descubrieron

70

rastros de animales fosilizados. Los **MÁS ANTIGUOS JAMÁS DESCUBIERTOS** los dejaron unas **CRIATURAS SIMILARES A LAS ANÉMONAS DE MAR** de **HACE 565 MILLONES DE AÑOS.**

El **PRIMER DEPREDADOR ANIMAL CONOCIDO** es el ***AURORALUMINA ATTENBOROUGHII,*** un **FAMILIAR DE LA MEDUSA DE 560 MILLONES DE AÑOS DE ANTIGÜEDAD.** Esta criatura de **20 cm** de altura **PARECÍA UNA LINTERNA** con **TENTÁCULOS,** que utilizaba para atrapar comida.

El ***Wiwaxia*** se parecía un poco a un **PUERCOESPÍN ACORAZADO**: **NO** se le **DIFERENCIABA LA CABEZA**, pero contaba con

2 o 3 filas

de **DIENTES AFILADOS.**

Los **PRIMEROS VERTEBRADOS CONOCIDOS** fueron un par de **ANIMALES EN FORMA DE PEZ** fosilizados de **518 millones de años de antigüedad** llamados ***«HAIKOUICHTHYS»***, que se bautizaron en **1999**.

Algunos científicos creen que la **RÁPIDA EXPANSIÓN** de **NUEVAS FORMAS DE VIDA** durante la **EXPLOSIÓN CÁMBRICA** duró

20 millones de años.

Los ***arqueociatos,*** que **APARECIERON POR PRIMERA VEZ** hace unos **525 millones de años,** se cuentan entre **LAS PRIMERAS ESPONJAS.**

El ***Anomalocaris*** era el **PRINCIPAL DEPREDADOR** de los mares del Cámbrico y capturaba sus presas con

2 garras puntiagudas

que tenía en la cabeza.

El cuerpo del ***OPABINIA*** tenía **16 segmentos,** con **ALETAS SUPERPUESTAS** a cada lado, que **PODRÍA** haber **MOVIDO** como si hiciera una **OLA** para **IMPULSARSE** por el agua.

El ***Hallucigenia*** tenía

7 PARES

DE ESPINAS RÍGIDAS en el cuerpo y una **PROTUBERANCIA EN UN EXTREMO** que los científicos tardaron más de **50 AÑOS EN IDENTIFICAR** oficialmente **COMO SU CABEZA.**

El ***Echmatocrinus***, de **3 cm** de ancho, tenía el **CUERPO EN FORMA DE CONO** debajo de un anillo de entre **7** y **9**

TENTÁCULOS.

El **esquisto de Burgess,** en **CANADÁ**, es un tesoro oculto **DEL PERÍODO CÁMBRICO**, en el que se han encontrado más de

65 000

fósiles.

La EXPLOSIÓN CÁMBRICA

Hace unos 530 millones de años, la Tierra era estéril. Sin embargo, durante la explosión cámbrica, comenzó a aparecer en los mares una asombrosa variedad de nuevos animales. A diferencia de las criaturas de cuerpo blando que habían vivido antes que ellos, los fascinantes recién llegados tenían caparazones duros, púas y esqueletos externos.

El pequeño ***MARRELLA***, que se parecía a una gamba, tenía por lo menos **50 patas emplumadas,** que **MOVÍA** para **NADAR** y utilizaba como **BRANQUIAS** para **RESPIRAR DEBAJO DEL AGUA.**

LA MAYORÍA de los **FÓSILES** de la **EXPLOSIÓN CÁMBRICA** se han encontrado en **2 LUGARES: CANADÁ** y **CHINA.**

El ***Opabinia,*** de aspecto extraño, tenía **5 OJOS** encima de tallos en la cabeza.

Se han encontrado alrededor de **1500** fósiles de ***OTTOIA***. **EL ANÁLISIS** de los **ALIMENTOS QUE DIGERÍA** indica que era **CANÍBAL.**

La cabeza del ***MARRELLA*** estaba cubierta de un **ESCUDO PROTECTOR** con **4 largas púas,** que podían ser **IRIDISCENTES.**

TRILOBITES

FASCINANTES

Los mares de la era paleozoica estaban repletos de trilobites. Muchos buscaban alimento en el lecho marino, aunque algunos sabían nadar. Tenían esqueletos externos, de los que se desprendían y sustituían a medida que crecían. La mayoría de los fósiles de trilobites corresponden a estos exoesqueletos desechados, y no al animal entero.

Los **PRIMEROS TRILOBITES** que se han descubierto tienen **520-530 millones de años,** y proceden de países como Marruecos, España y Rusia.

Algunos **TRILOBITES** tenían **2 tubos digestivos** conectados al estómago, **EN LUGAR DE 1.**

EN LA ACTUALIDAD están **EXTINGUIDOS,** pero los trilobites vivieron en la Tierra durante más de **270 millones de años;** es decir, **50 000 VECES MÁS QUE LOS HUMANOS MODERNOS.**

El **MAYOR FÓSIL DE TRILOBITES,** **EL *Isotelus rex*,** se descubrió en Manitoba, Canadá, y mide, sorprendentemente, **71 cm** de largo.

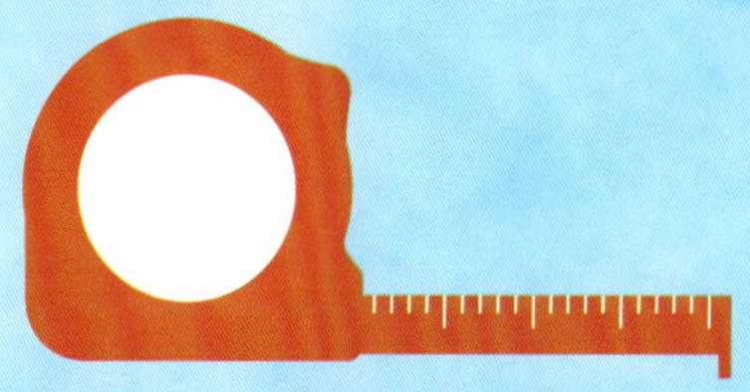

El «**TRI**» del inicio del **NOMBRE** significa **3** y se refiere al modo en que la parte principal del **EXOESQUELETO** del animal se **DIVIDE** en **3 lóbulos** (partes).

Los trilobites **MÁS PEQUEÑOS,** como el ***CTENOPYGE CECILIAE*,** medían **MENOS DE 3 mm** de longitud.

Al igual que los **INSECTOS MODERNOS,** la mayoría de los **TRILOBITES** tenían

2 ojos compuestos

por muchas lentes. Sin embargo, algunos trilobites, como el

TRINUCLEUS,

que vivía en el barro, **NO TENÍAN NINGÚN OJO.**

En **2023**, un **ESCÁNER 3D** de un trilobites de

465 MILLONES DE AÑOS,

el ***BOHEMOLICHAS INCOLA***, reveló los fragmentos de caparazón de los **EQUINODERMOS** que se había **COMIDO ANTES DE MORIR.**

Los expertos han **IDENTIFICADO** más de **22 000 ESPECIES** de **trilobites** hasta ahora.

Además de tener 3 lóbulos, el cuerpo de los trilobites se divide en **3 SEGMENTOS:** el **CEFALÓN** (la cabeza), el **TÓRAX** (el cuerpo) y el **PIGIDIO** (la cola).

EN 1886, unos arqueólogos que investigaban una cueva prehistórica francesa de **15 000 AÑOS DE ANTIGÜEDAD** encontraron un **trilobites de 400 millones de años** convertido en un **COLGANTE, YA QUE TENÍA UN AGUJERO PERFORADO** en la **COLA.**

El ***Walliserops*** tenía un apéndice **en forma de lanza con 3 púas** en la cabeza, que podría haber **USADO PARA LUCHAR.**

EQUINODERMOS
ESPINOSOS

Estos sencillos invertebrados marinos tienen espinas o protuberancias en su dura superficie exterior y a menudo parecen estrellas. Los equinodermos llevan cientos de millones de años viviendo en el lecho marino y muchos de ellos, como las estrellas de mar, los crinoideos y los erizos de mar siguen existiendo hoy en día.

El **PRIMER EQUINODERMO CONOCIDO** podría ser el **ARKARUA ADAMI**, que se encontró en Australia hace unos **555 MILLONES DE AÑOS.**

Las estrellas de mar como el ***Palaeocoma*** tenían **5 BRAZOS LARGOS** y **5 MANDÍBULAS CON DIENTES** en una **BOCA EN FORMA DE ESTRELLA,** que también era la **PARTE INFERIOR DEL EQUINODERMO.**

El ***Encrinus,*** un tipo de **CRINOIDEO** llamado **«LIRIO DE MAR»,** podía alcanzar **1 m** de altura y tenía un anillo de **10 BRAZOS PLUMOSOS** en la parte superior de un tallo que utilizaba para conseguir comida.

El fósil de un **equinodermo de 430 millones de años** encontrado en **2017** fue el **PRIMER EJEMPLAR** que se descubrió con **PIES TUBULARES** conservados, los cuales utilizaba para alimentarse y desplazarse.

En lugar de adherirse al lecho marino, los ***Seirocrinus*** gigantes crecían juntos en **ENORMES COLONIAS FLOTANTES.** Un fósil muestra **CIENTOS DE EJEMPLARES,** de hasta **20 m** de alto, adheridos a la parte inferior de un **TRONCO DE ÁRBOL DE 12 M** de largo.

En **2021, 2 PALEONTÓLOGOS AFICIONADOS** descubrieron un **yacimiento fósil en Inglaterra** que contenía más de **1000 EJEMPLARES DE EQUINODERMOS,** como **ESTRELLAS DE MAR** y **LIRIOS DE MAR.**

HOY EN DÍA, más de **7000** especies de **EQUINODERMOS** viven **EN LOS OCÉANOS** de todo el mundo, pero se sabe que se han **EXTINGUIDO** más de **13 000 ESPECIES.**

El pequeño ***Hemicidaris*** tenía unas toscas **PÚAS** de **8 cm** de largo alrededor de su **CUERPECITO, LO QUE HACÍA QUE** su diámetro aumentara de **4 cm** a **20 cm.**

Los
EQUINODERMOS
modernos tienen
SIMETRÍA
quíntuple,
pero algunas
especies antiguas
eran ASIMÉTRICAS.
Un EQUINODERMO
puede llegar a tener
cientos de
brazos con los que
se alimenta, pero
NO TIENE NI CABEZA
ni CEREBRO.
Se han IDENTIFICADO al menos 6 000 ESPECIES de CRINOIDEOS fósiles.
Los crinoideos tenían hasta 200 brazos de alimentación en MÚLTIPLOS DE 5.

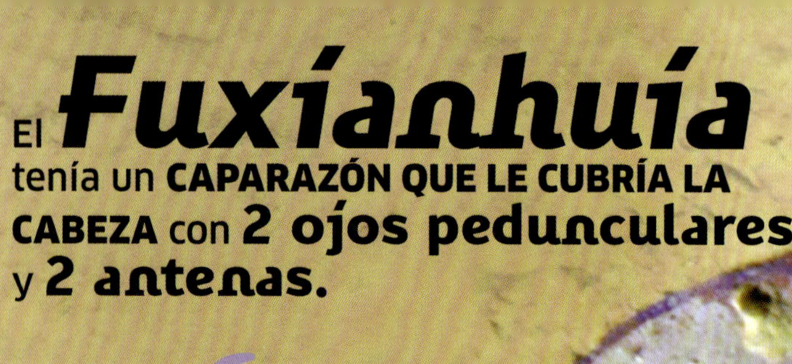

El ***Fuxianhuia*** tenía un **CAPARAZÓN QUE LE CUBRÍA LA CABEZA** con **2 ojos pedunculares** y **2 antenas.**

Alrededor del

50 %

de los **FÓSILES HALLADOS** en **CHENGJIANG** son de **ARTRÓPODOS.**

Los **artrópodos** constituyen más del

85 %

de todas las **ESPECIES VIVAS ACTUALES.**

Junto a un **ADULTO FOSILIZADO** que se encontró en **2018** había

4 crías de *Fuxianhuia*,

posiblemente el **EJEMPLO DE CRIANZA MÁS ANTIGUO DEL MUNDO.**

FUXIANHUIA

Este artrópodo marino extinto del Cámbrico es la mascota no oficial de uno de los yacimientos fósiles más importantes del mundo: la biota de Chengjiang, en China. Los ejemplares de *Fuxianhuia* hallados aquí están tan bien conservados que incluyen detalles del corazón, el cerebro y las vísceras, los cuales muestran lo compleja que era ya la vida hace más de 500 millones de años.

Los restos de *Fuxianhuia* incluyen el **EJEMPLAR MÁS ANTIGUO** de un **CEREBRO FOSILIZADO** en **3 PARTES** como el de los insectos modernos.

El ***Fuxianhuia***, uno de los **PRIMEROS ARTRÓPODOS**, se ha datado en hace **520 MILLONES DE AÑOS.**

El ***FUXIANHUIA*, SIMILAR A UNA GAMBA**, solo medía **7,6 cm** de longitud. El **EJEMPLAR MÁS GRANDE QUE SE HA HALLADO** mide **11 cm.**

EL PALEONTÓLOGO HOU XIAN-GUANG descubrió **CHENGJIANG** en **1984,** que se declaró **PATRIMONIO DE LA HUMANIDAD DE LA UNESCO** **28 años después.**

CHENGJIANG, famoso por la sorprendente conservación de antiguas **CRIATURAS DE CUERPO BLANDO,** ha proporcionado más de **250 ESPECIES** de **PLANTAS Y ANIMALES.**

Hou bautizó el *Fuxianhuia protensa* en **1987;** desde entonces se han descubierto **centenares DE EJEMPLARES** en la lutita.

El **FUXIANHUIA** tenía **35-45** pares de **PATAS BIFURCADAS DIMINUTAS.**

Un ejemplar descubierto en **2014** contenía el **PRIMER SISTEMA CARDIOVASCULAR CONOCIDO,** con un **CORAZÓN TUBULAR SIMPLE** que abarcaba **7 segmentos** de su cuerpo.

El ***Fuxianhuia*** tenía un **CUERPO SEGMENTADO** con unas **31 SECCIONES, 14 DE ELLAS EN LA COLA.**

AMMONOIDEOS IMPRESIONANTES

Al igual que los pulpos y los calamares actuales, los amonites y otros ammonoideos eran cefalópodos. Estas criaturas de cuerpo blando vivieron en el océano desde el Devónico hasta poco después del Cretácico. La mayoría tenía caparazones adornados y en espiral, con cámaras que podían contener aire para ayudarlos a flotar. La mayoría de los fósiles de ammonoideos son precisamente estos caparazones.

El **MAYOR FÓSIL DE AMONITES** hallado hasta la fecha es un caparazón parcial de ***PARAPUZOSIA SEPPENRADENSIS***. Su **CAPARAZÓN COMPLETO** podría haber medido hasta **3 m DE DIÁMETRO.**

El **ANIMAL CONTENIDO** en el **MAYOR FÓSIL DE CAPARAZÓN DE AMONITES** pesaba unos **750 kg**, más del **DOBLE** que el ***calamar gigante*** más pesado.

Al igual que muchos de sus **PARIENTES VIVOS MÁS CERCANOS** (coleoideos como el calamar), los **AMMONOIDEOS** seguramente tenían **10 TENTÁCULOS.**

El **CAPARAZÓN DE UN AMONITES** constaba de **2 partes principales:** el **FRAGMOCONO**, una serie de cámaras internas que **SE LLENABAN DE GAS** para mantener la flotabilidad, y la **CÁMARA DEL CUERPO**, donde **VIVÍA** el animal.

Algunas **HEMBRAS DE AMONITES** eran hasta **4 veces** más grandes que los **MACHOS.**

LOS CIENTÍFICOS HAN IDENTIFICADO más de **10000 ESPECIES** de **amonites.**

LOS AMMONOIDEOS APARECIERON EN LA TIERRA hace unos **416 millones DE AÑOS.**

LOS AMMONOIDEOS sobrevivieron a **3 GRANDES EXTINCIONES,** una de ellas en el **PÉRMICO SUPERIOR,** que **ACABÓ CON EL 96%** de **TODAS LAS ESPECIES MARINAS.**

LOS AMMONOIDEOS POBLARON los **OCÉANOS** durante unos **350 MILLONES DE AÑOS.**

El **AMMONOIDEO MÁS PEQUEÑO QUE SE CONOCE** es la especie ***MAXIMITES***, cuyo caparazón medía solo **1 cm** de **DIÁMETRO,** el tamaño de una **UÑA PEQUEÑA.**

Al igual que los **CEFALÓPODOS MODERNOS,** es probable que algunos **AMONITES** vivieran en el agua hasta una **PROFUNDIDAD MÁXIMA** de **250 m.**

Algunos **AMMONOIDEOS**, llamados ***«HETEROMORFOS»***, tenían **CAPARAZONES EN ESPIRAL.** Un fósil de ***Diplomoceras maximum*** indica que tenía un **CAPARAZÓN EN FORMA DE CLIP DE 4 m DE LONGITUD** si se enderezaba.

En el siglo **VII** de la era actual, los **AMONITES** se **CONFUNDÍAN** con **SERPIENTES PETRIFICADAS** y se vendían con **CABEZAS DE SERPIENTE** talladas en ellos.

El ***IDMONARACHNE BRASIERI,*** una «casi araña» de hace **305 millones de años,** probablemente **PRODUCÍA SEDA,** pero **TODAVÍA NO TENÍA HILERAS** para tejer la telaraña.

El ***Palaeoisopus problematicus*** era una gran **ARAÑA DE MAR** del Devónico con **PATAS DE 32 cm,** tan **ANCHAS COMO UNA PIZZA GRANDE.**

Hace 99 millones de años, las garrapatas se alimentaban de dinosaurios. El ***DEINOCROTON DRACULI,*** un **CHUPASANGRE PREHISTÓRICO,** se ha **DESCUBIERTO** en **ÁMBAR** junto a una pluma de dinosaurio.

El ***Pterygotus,*** un **«ESCORPIÓN MARINO»** gigante, llegó a medir **1,75 m** de largo.

En **2018,** se descubrieron en ámbar los restos de ***Chimerarachne yingi.*** El arácnido, de **7,5 mm** de largo, tenía **COLMILLOS** y una **COLA EN FORMA DE LÁTIGO.**

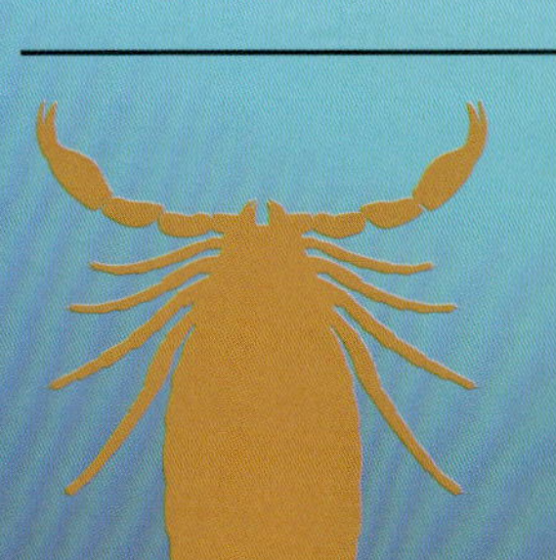

Uno de los **PRIMEROS ANIMALES QUE CAMINÓ SOBRE LA TIERRA** pudo ser el ***PARIOSCORPIO VENATOR,*** un escorpión prehistórico de **4,5 cm** de longitud.

El **MAYOR ARTRÓPODO MARINO DE LA HISTORIA** fue el ***Jaekelopterus rhenaniae,*** un euriptérido o «escorpión marino» de **400 MILLONES DE AÑOS DE ANTIGÜEDAD.** Con **2,5 m** de longitud, era **GRANDE COMO UNA PUERTA.**

QUELICERADOS

CURIOSOS

Los quelicerados, que aparecieron en el mar hace 510 millones de años, eran animales con el cuerpo segmentado y las extremidades anteriores en forma de garras (pero sin antenas). Entre los ejemplos prehistóricos se encuentran los primeros arácnidos (arañas, escorpiones, garrapatas y ácaros), además de cangrejos cacerola, arañas de mar y escorpiones marinos gigantes.

El ***Tríasacarus fedeleí***, un **ÁCARO DE LAS AGALLAS DEL TRIÁSICO** de solo **0,21 mm** de largo, se **DESCUBRIÓ EN ÁMBAR** en Italia.

UNO DE LOS MAYORES ESCORPIONES de todos los tiempos fue el ***PULMONOSCORPIUS KIRKTONENSIS***. Este gigante de **70 cm** de longitud, que se descubrió en Escocia, vivió hace **340 MILLONES DE AÑOS**.

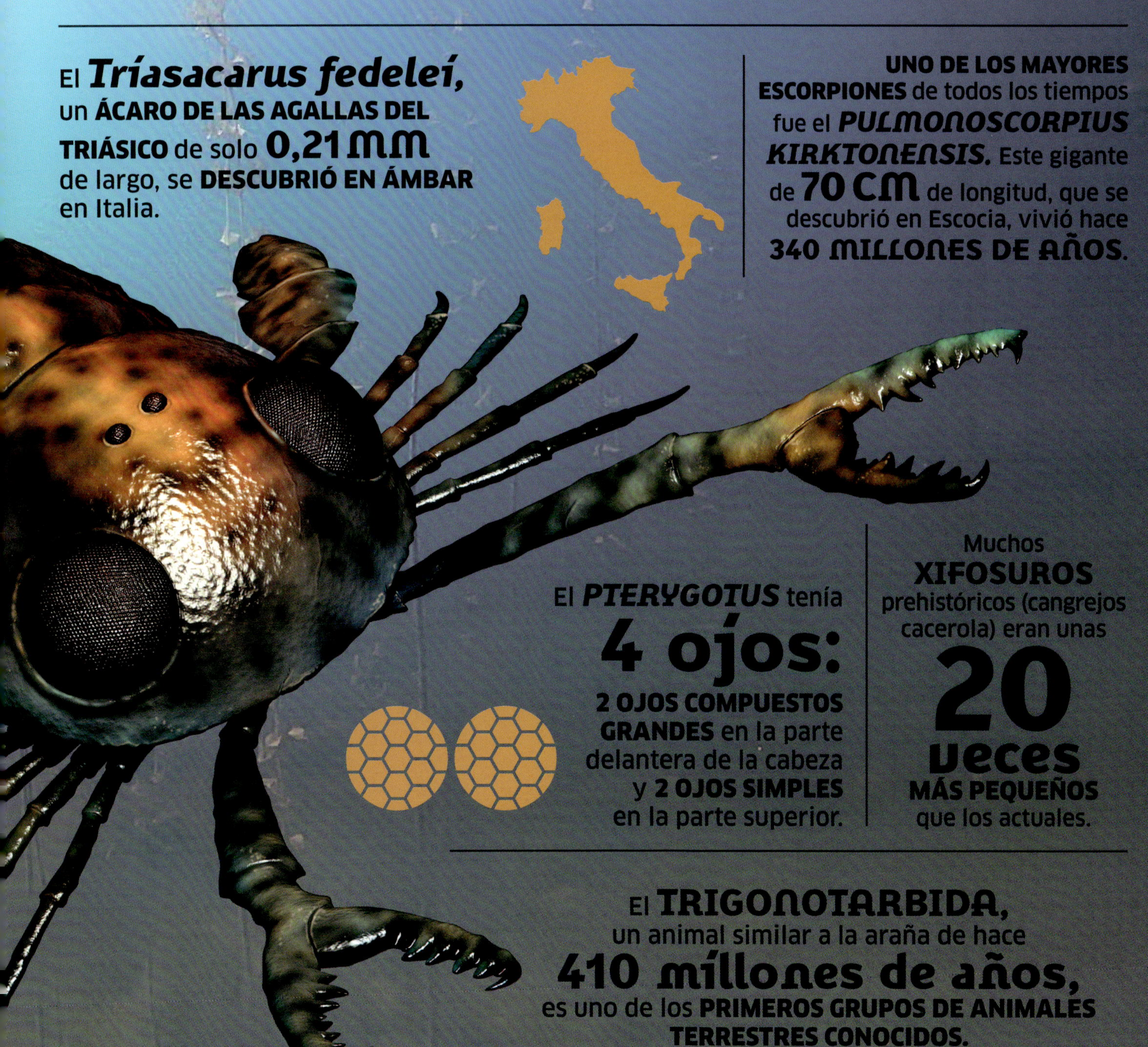

El ***PTERYGOTUS*** tenía **4 ojos: 2 OJOS COMPUESTOS GRANDES** en la parte delantera de la cabeza y **2 OJOS SIMPLES** en la parte superior.

Muchos **XIFOSUROS** prehistóricos (cangrejos cacerola) eran unas **20 veces MÁS PEQUEÑOS** que los actuales.

El **TRIGONOTARBIDA**, un animal similar a la araña de hace **410 millones de años**, es uno de los **PRIMEROS GRUPOS DE ANIMALES TERRESTRES CONOCIDOS.**

Insectos y

MIRIÁPODOS

Estos dos grupos son tipos de artrópodos: animales segmentados con exoesqueletos (cubiertas exteriores resistentes) y sin columna vertebral. Fueron las primeras criaturas que pisaron tierra firme hace más de 400 millones de años. Aunque muchos se parecían a los insectos actuales, algunos crecieron mucho más, sobre todo en los bosques tropicales del Carbonífero.

El **MAYOR INVERTEBRADO TERRESTRE** de la historia fue el **MILPIÉS GIGANTE** ***ARTHROPLEURA ARMATA***, que llegó a medir **2,6 m**, más que una **SERPIENTE DE CASCABEL.**

La **PRIMERA EVIDENCIA** de **CIEMPIÉS**, a partir de **RESTOS** encontrados en **ESCOCIA, REINO UNIDO**, data de **hace 428 millones de años.**

El ejemplo más antiguo de **LEPIDÓPTERO** (mariposa o polilla) es el ***Archaeolepís mane***, una polilla del Jurásico inferior que se identifica por tener una sola **ALA LARGA** de **5 mm** capturada en lutita.

El **FÓSIL DE INSECTO MÁS ANTIGUO, EL** ***RHYNIOGNATHA HIRSTI***, data de **hace 410 millones de años** y se descubrió en **ESCOCIA.**

Los **saltamontes** evolucionaron durante el **TRIÁSICO**, ¡casi **200 MILLONES DE AÑOS ANTES DE LA APARICIÓN DE LA HIERBA!**

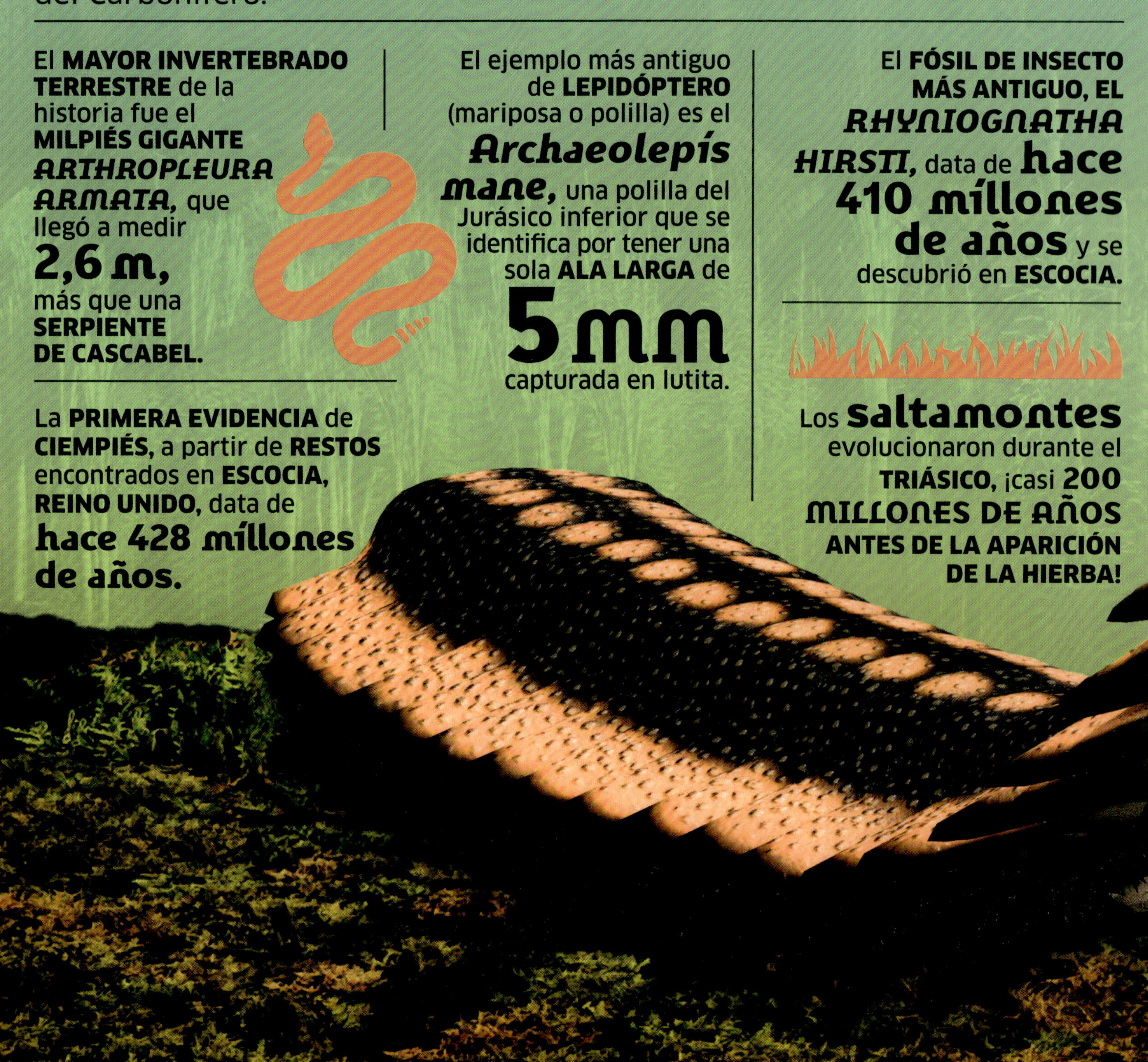

LOS MOSQUITOS PORTADORES DE ENFERMEDADES podrían haber molestado a los dinosaurios **HACE 100 MILLONES DE AÑOS.** El ***Príscoculex burmanícus*** se descubrió fosilizado en **ÁMBAR DE MEDIADOS DEL CRETÁCICO.**

Algunos de los **PRIMEROS** ejemplares de **hormigas** se encontraron **CONSERVADOS EN ÁMBAR DEL CRETÁCICO** de **BIRMANIA.** En un fósil de **HACE 99 MILLONES DE AÑOS, ¡2 ESPECIES DE HORMIGAS LUCHAN** entre sí!

Es probable que los **INSECTOS DEL CARBONÍFERO** alcanzaran **TAMAÑOS GIGANTES** debido a que los **NIVELES DE OXÍGENO** en la atmósfera eran **HASTA UN 10 % SUPERIORES** al **21%** de oxígeno **DEL AIRE ACTUAL.**

El ***ARTHROPLEURA*** tenía hasta **64 PATAS.** Los milpiés actuales tienen hasta **1300.**

El **INSECTO MÁS GRANDE DE LA HISTORIA** fue el ***MEGANEURA MONYI,*** un pariente de la libélula del Carbonífero que tenía una **ENVERGADURA** de hasta **75 cm,** la misma que un **GAVILÁN.**

POCO SE SABE sobre lo que comía el ***ARTHROPLEURA***, ya que **no** se han encontrado nunca **PARTES DE SU BOCA** en el **REGISTRO FÓSIL.**

El fantástico

PEZ SIN MANDÍBULA

Los primeros peces, que aparecieron durante el Cámbrico hace más de 500 millones de años, carecían de mandíbulas. Aspiraban y filtraban los alimentos del fondo marino, y algunos desarrollaron placas óseas o puntiagudas para protegerse. Dos grupos de peces sin mandíbula similares a las anguilas han sobrevivido hasta nuestros días: los peces moco y las lampreas.

El ***Haíkouíchthys*** era un **PEZ SIN MANDÍBULA PRIMITIVO** que vivió **HACE 518 MILLONES DE AÑOS.**

El antiguo ***HAIKOUICHTHYS*** tenía el **PRINCIPIO** de una **COLUMNA VERTEBRAL** y medía solo **2,5 cm** de largo, lo mismo que un **RENACUAJO.**

El ***ATELEASPIS*** tenía **BOCA** y **10** pares de **BRANQUIAS** en la **PARTE INFERIOR,** lo que sugiere que **SE ALIMENTABA DEL LECHO MARINO.**

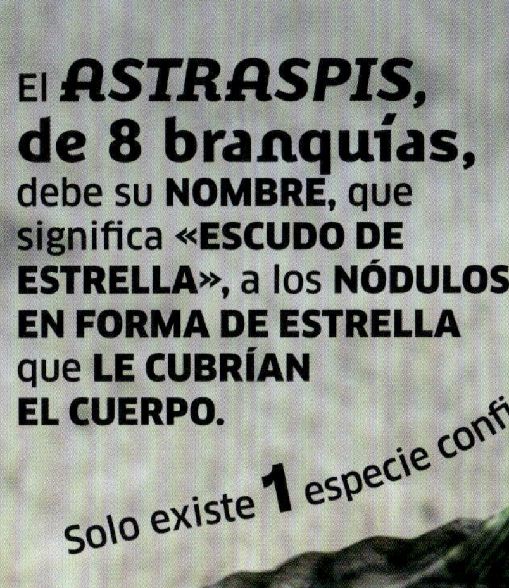

El **ASTRASPIS, de 8 branquías,** debe su **NOMBRE**, que significa **«ESCUDO DE ESTRELLA»**, a los **NÓDULOS EN FORMA DE ESTRELLA** que **LE CUBRÍAN EL CUERPO.**

El **Ateleaspís** fue el **PRIMER PEZ CONOCIDO** con **2 ALETAS PECTORALES EMPAREJADAS.**

Solo existe **1** especie confirmada de ***CEPHALASPIS***, el ***C. LYELLI***, descrita por primera vez en **1835.**

Unos **30 millones de años** antes de que **EVOLUCIONARAN LAS MANDÍBULAS**, el ***Loganellía*** desarrolló algunas de las primeras **ESTRUCTURAS SIMILARES A DIENTES** en la **GARGANTA.**

El ***Cephalaspís***, que significa **«ESCUDO DE LA CABEZA»**, era un **PEZ PRIMITIVO DEL TAMAÑO DE UNA TRUCHA**, de hasta **30 cm** de largo, con una **ARMADURA ÓSEA EN FORMA DE PEZUÑA** en la cabeza.

El ***LOGANELLIA*** era un **TELODONTO** (un pez sin mandíbula que carecía de armadura) **CUBIERTO** con hasta **20 000 DENTÍCULOS** (escamas en forma de dientes).

El ***Sacabambaspís*** tenía un **CUERPO** de hasta **35 cm DE LONGITUD** y un **ESCUDO EN LA CABEZA** con **20 PLACAS PEQUEÑAS** a cada lado con **BRANQUIAS OCULTAS DETRÁS.**

Aunque **CARECÍA DE MANDÍBULA, EL *SACABAMBASPIS*** tenía una **BOCA RECUBIERTA** de unas **60 placas óseas** que usaba para **RECOLECTAR ALIMENTOS.**

Los **PRIMEROS FÓSILES DE LAMPREA** datan de hace **360 MILLONES DE AÑOS** y tienen el mismo aspecto que las lampreas actuales.

El ***Parameteoraspís*** tenía un **ESCUDO EN LA CABEZA** en forma de herradura de **40 cm** de ancho.

Los **placodermos** dominaron los **MARES DEVÓNICOS** durante unos **70 millones de años** y luego se **EXTINGUIERON DE FORMA REPENTINA.**

Con una fuerza de **5300 NEWTONS,** la **MORDEDURA** del *Dunkleosteus terrelli* era la más fuerte de todos los peces óseos.

El ***Titanichthys*** tenía una **MANDÍBULA INFERIOR** de

1m

de ancho, pero **NO ERA LO BASTANTE FUERTE** para **MASTICAR Y MORDER,** por lo que se alimentaba de comida **SUSPENDIDA EN EL AGUA**.

El **GÉNERO MÁS DIVERSO** de placodermo era el ***Bothriolepis,*** que incluía más de **60 especies.**

El ***ROLFOSTEUS,*** de **30 cm** de longitud, tenía un **HOCICO EN FORMA DE CUERNO** que podría haber utilizado para **DESCUBRIR PRESAS ESCONDIDAS EN EL LECHO MARINO.**

Los **placodermos** tenían **2 PARES DE MÚSCULOS** que unían la parte superior de la cabeza a los huesos del hombro **EN LUGAR DE 1 PAR,** lo que les permitía efectuar una **MORDEDURA RÁPIDA.**

PEZ ACORAZADO

ALUCINANTE

Los peces acorazados, también llamados «placodermos», fueron de los primeros en desarrollar mandíbulas mordedoras, con placas óseas a modo de dientes. También fueron los primeros en alcanzar tamaños descomunales. La mayoría tenía escudos óseos encima de la cabeza y en la parte superior del cuerpo.

Los **placodermos** fueron los **primeros** **ANIMALES CON MÚSCULOS ABDOMINALES.**

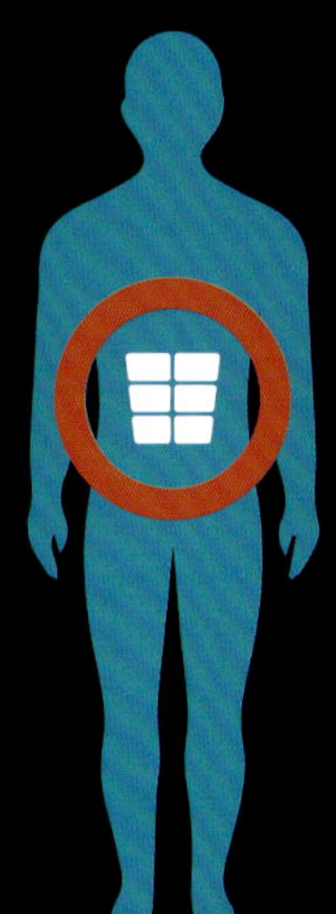

Un fósil de ***Materpiscis attenboroughi,*** de **380 MILLONES DE AÑOS DE ANTIGÜEDAD,** capta el **PRIMER NACIMIENTO VIVO CONOCIDO.**

La longitud estimada del **PLACODERMO MÁS GRANDE,** el ***DUNKLEOSTEUS TERRELLI,*** varía entre los **4 m** y los **10 m.**

El **ESCUDO ÓSEO** de la **CABEZA** del ***Dunkleosteus*** tenía un grosor de **5 cm.**

El ***Dunkleosteus*** pesaba alrededor de **2 TONELADAS,** lo mismo que un tiburón blanco.

El **corazón fosilizado en 3D más antiguo** que se ha descubierto nunca tiene **2 cámaras.** Se encontró en un ***MCNAMARASPIS KAPRIOS*** en **2022** en la **FORMACIÓN GOGO**, un yacimiento fosilífero devónico en Australia.

El ***Gemuendina*** solía medir **30 cm** de longitud. **A DIFERENCIA DE OTRAOS PECES ACORAZADOS,** tenía **ESCAMAS EN FORMA DE ESTRELLA** en la boca para agarrar a la presa, en lugar de **PLACAS ÓSEAS**.

Tiburones

SENSACIONALES

Los tiburones y las quimeras (tiburones fantasma) son peces cartilaginosos, con esqueletos hechos de cartílago flexible. Los tiburones y sus parientes, que se encuentran entre los primeros peces marinos, llevan nadando en nuestros océanos al menos 420 millones de años e incluyen monstruos mucho mayores que los actuales tiburones blancos.

El tiburón ***Helicoprion*** tenía una **ESPIRAL QUE PARECÍA UNA SIERRA CIRCULAR** con hasta **150 DIENTES** que le sobresalía de la mandíbula inferior.

Los machos del ***FALCATUS,*** de **15 cm** de longitud, tenían un largo apéndice en forma de espada que les salía de la cabeza.

Un fósil de **BEAR GULCH** en Montana, EE. UU., de hace **325 millones de años,** muestra a una hembra ***FALCATUS*** agarrando con los dientes la espina dorsal de un macho.

El **MAYOR TIBURÓN PREHISTÓRICO CONOCIDO** era el ***Otodus megalodon,*** que alcanzaba unos **18 M** de longitud; es decir, **3 veces más largo** que un **TIBURÓN BLANCO.**

LOS TIBURONES GRISES tienen **7 branquias** a cada lado de la cabeza. La mayoría de los tiburones **SOLO TIENEN 5.** Los tiburones grises conservan esta característica desde el **JURÁSICO**.

Los **TIBURONES MARTILLO** son los miembros **MÁS RECIENTES** de la **FAMILIA DE LOS TIBURONES,** ya que evolucionaron hace solo **23 millones de años.**

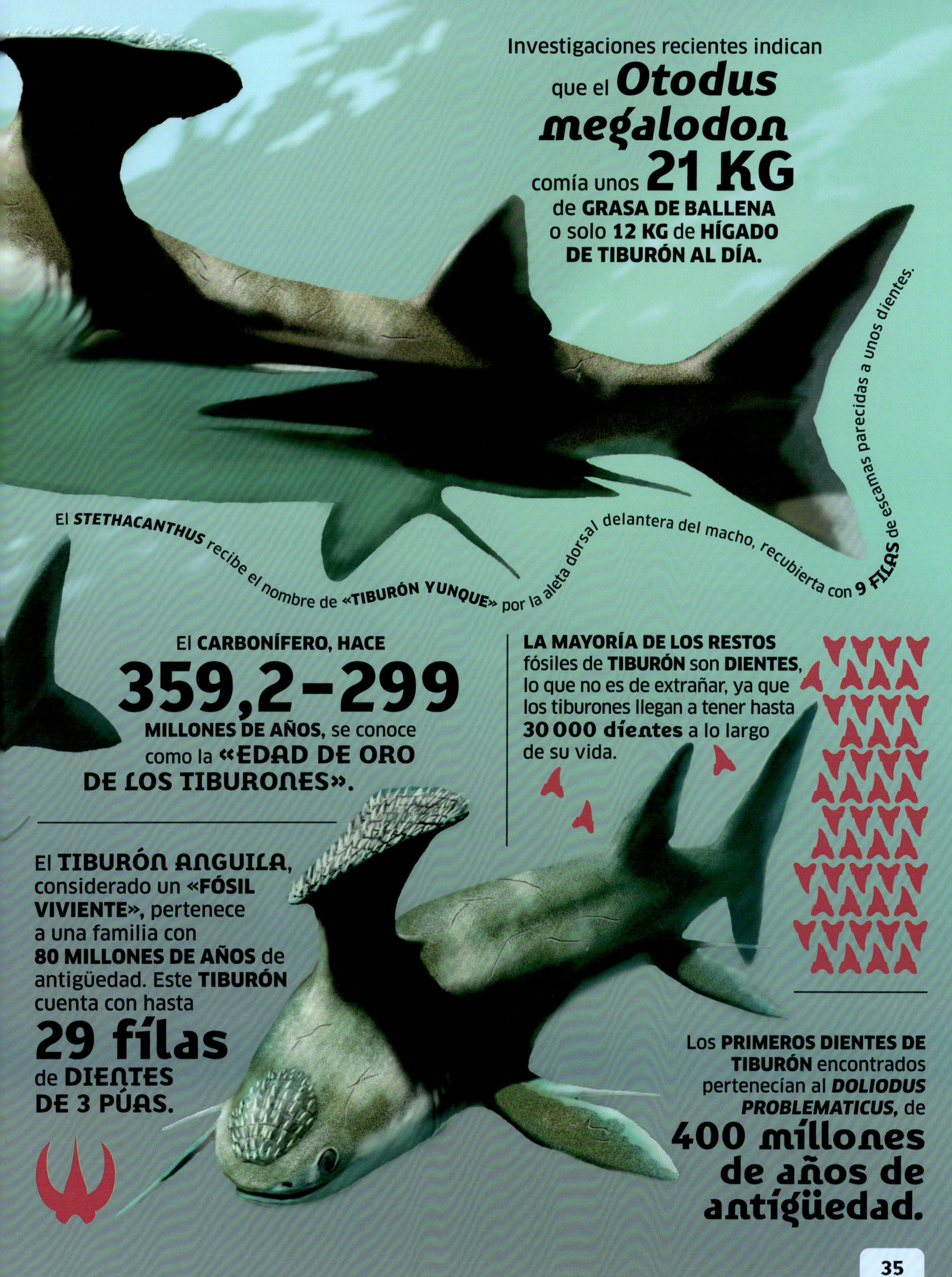

Investigaciones recientes indican que el ***Otodus megalodon*** comía unos **21 KG** de **GRASA DE BALLENA** o solo **12 KG** de **HÍGADO DE TIBURÓN AL DÍA.**

El **STETHACANTHUS** recibe el nombre de **«TIBURÓN YUNQUE»** por la aleta dorsal delantera del macho, recubierta con **9 FILAS** de escamas parecidas a unos dientes.

El **CARBONÍFERO, HACE**
359,2-299
MILLONES DE AÑOS, se conoce como la **«EDAD DE ORO DE LOS TIBURONES».**

LA MAYORÍA DE LOS RESTOS fósiles de **TIBURÓN** son **DIENTES,** lo que no es de extrañar, ya que los tiburones llegan a tener hasta **30 000 dientes** a lo largo de su vida.

El **TIBURÓN ANGUILA,** considerado un **«FÓSIL VIVIENTE»,** pertenece a una familia con **80 MILLONES DE AÑOS** de antigüedad. Este **TIBURÓN** cuenta con hasta
29 filas
de **DIENTES DE 3 PÚAS.**

Los **PRIMEROS DIENTES DE TIBURÓN** encontrados pertenecían al ***DOLIODUS PROBLEMATICUS,*** de
400 millones de años de antigüedad.

TOP 5

LOS ANIMALES MÁS ANTIGUOS

Estos sorprendentes grupos de animales han sobrevivido cientos de millones de años, incluso a extinciones masivas. Aparecieron mucho antes que los dinosaurios y siguen existiendo hoy en día.

1 CTENÓFOROS • *Ctenophora*

Período de tiempo: **UNOS 700 MILLONES DE AÑOS**

Se sigue debatiendo cuál fue el primer animal de verdad, pero un análisis de ADN de 2023 sugiere que podría tratarse de un pariente de los ctenóforos. Estos devoradores de plancton gelatinosos, que no deben confundirse con las medusas, utilizan ocho filas de cilios en forma de pelo para propulsarse por el agua.

2 ESPONJAS • *Porifera*

Período de tiempo: **UNOS 600 MILLONES DE AÑOS**

Las esponjas no tienen cerebro, ni estómago ni ningún órgano, por lo que tiene sentido que puedan estar entre los primeros animales. En 2015, un fósil de 1 mm de ancho hallado en China resultó ser una esponja primitiva de hace 600 millones de años. En la actualidad, existen miles de especies de estos sencillos invertebrados marinos.

3 MEDUSA • *Cnidaria*

Período de tiempo: **MÁS DE 500 MILLONES DE AÑOS**

Estas criaturas marinas de cuerpo blando no se fosilizan bien. Sin embargo, existen pruebas de ellas en los registros fósiles de hace 508 millones de años: en una montaña canadiense se descubrió una *Burgessomedusa phasmiformis*, con 90 tentáculos regordetes. Hoy nadan en todos los océanos de la Tierra.

4 NAUTILOIDEOS • *Cephalopoda*

Período de tiempo: **UNOS 500 MILLONES DE AÑOS**

Conocidos por sus caparazones compartimentados y sus cuerpos blandos y con tentáculos, se han identificado más de 2500 especies de nautiloideos en el registro fósil. Hoy solo sobreviven seis tipos en el Pacífico tropical, y son diminutos en comparación con sus antepasados, de varios metros de largo.

5 GUSANOS ATERCIOPELADOS • *Onychophora*

Período de tiempo: **UNOS 500 MILLONES DE AÑOS**

Estos depredadores peludos, parecidos a las orugas y con un montón de patas cortas y blandas, viven en tierra firme desde hace unos 400 millones de años y no han cambiado mucho en todo este tiempo. Pero varios científicos remontan su linaje mucho más atrás en el tiempo, a extrañas criaturas marinas del Cámbrico, como el *Hallucigenia*.

El **Eryops,** candidato a ser el **MAYOR ANIMAL**, de **HACE 295 MILLONES DE AÑOS**, llegó a medir **2 m** de largo, el **TAMAÑO** de un **CAIMÁN.**

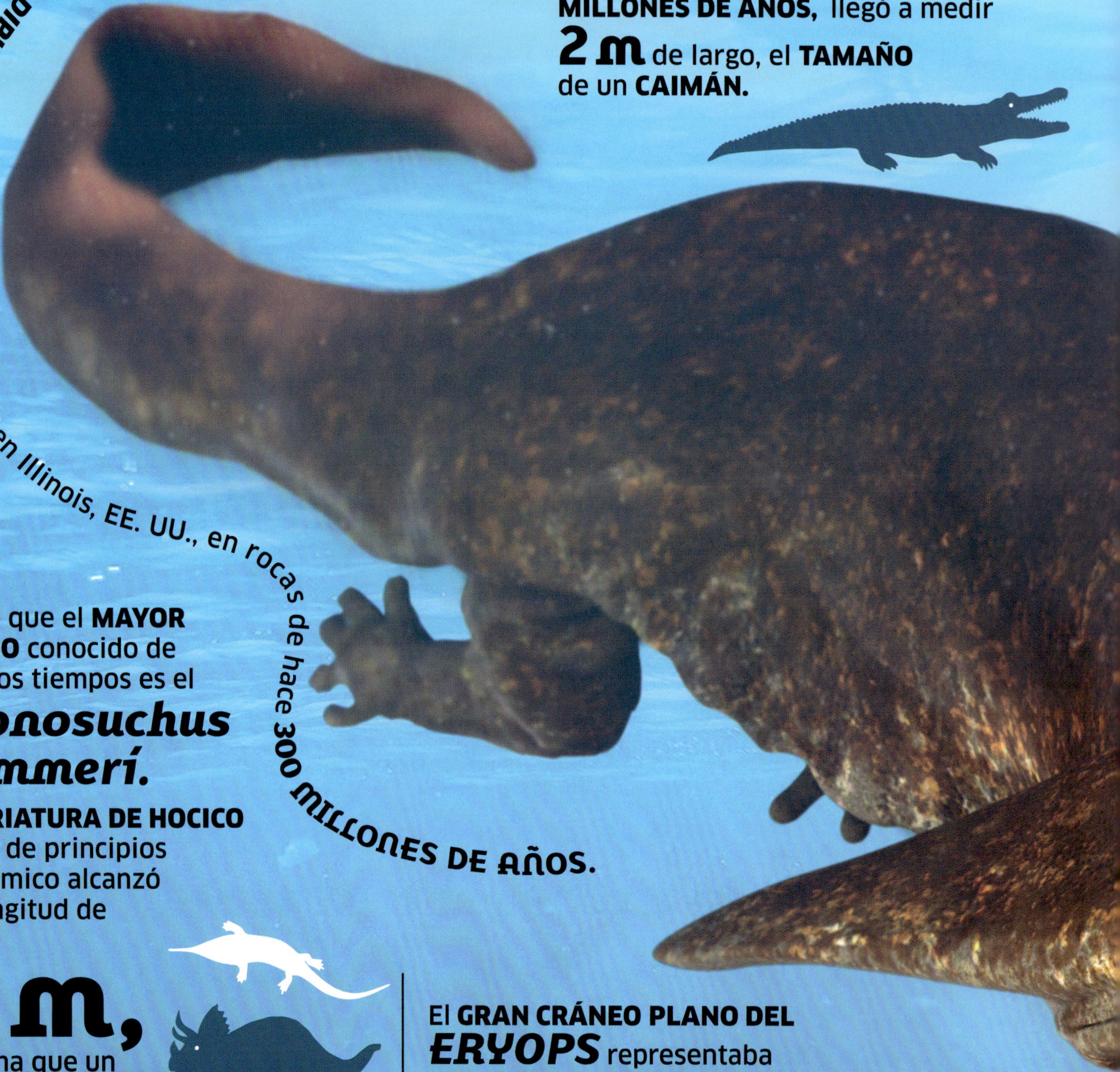

El **DIPLOCAULUS** se descubrió en **1877** en Illinois, EE. UU., en rocas de hace **300 MILLONES DE AÑOS.**

Se cree que el **MAYOR ANFIBIO** conocido de todos los tiempos es el ***Prionosuchus plummeri.*** Esta **CRIATURA DE HOCICO LARGO** de principios del Pérmico alcanzó una longitud de **9 m,** la misma que un ***Triceratops.***

El **ERYOPS** era un **DEPREDADOR RECHONCHO** que se calcula que pesaba casi **200 kg.**

El **GRAN CRÁNEO PLANO DEL *ERYOPS*** representaba **UN TERCIO** de la **LONGITUD DE SU CUERPO.**

Para **ATRAPAR PECES** y otras presas escurridizas, el ***ERYOPS*** tenía **3 PARES DE COLMILLOS CURVOS,** el más largo de los cuales medía **2,5 CM.**

En **1882** se descubrieron **9 CONJUNTOS** de **HUESOS** del **ANFIBIO PRIMITIVO *Seymouria*,** pero pasarían unos **50 AÑOS** antes de que se identificaran.

ASOMBROSOS

En el Devónico, los primeros anfibios evolucionaron a partir de los peces y se convirtieron en los primeros animales con columna vertebral que vivieron en tierra firme. Para sobrevivir fuera del agua, los anfibios desarrollaron patas, la piel se les adaptó para retener la humedad y sustituyeron las branquias por pulmones, pero seguían volviendo al agua para poner sus huevos blandos.

El ***Ichthyostega,*** uno de los primeros antecesores de los anfibios que se ha registrado, tenía **7 DEDOS EN LAS PATAS TRASERAS.**

El ***Díplocaulus,*** uno de los primeros anfibios de los pantanos, medía **1 m** de largo. Su **CRÁNEO EN FORMA DE BUMERÁN** medía hasta **33 cm** de ancho, lo que dificultaba que sus depredadores se lo tragaran.

Se han encontrado cráneos fosilizados de ***DISCOSAURISCUS*** de hasta **32 mm** de largo con **BRANQUIAS EXTERNAS.** Estas **NO SE ENCUENTRAN EN LOS CRÁNEOS MÁS GRANDES,** lo que demuestra su **METAMORFOSIS** de **RENACUAJO A ADULTO.**

El **Acanthostega**, uno de los **PRIMEROS VERTEBRADOS CON EXTREMIDADES,** medía unos **60 cm** de largo y tenía **BRANQUIAS Y PULMONES.**

El **Acanthostega** tenía **8 dedos** en cada **PIE PALMÍPEDO** delantero.

El ***Crassígyrínus,*** un antepasado de los anfibios con dientes que medía **1,5 m,** podía abrir su mandíbula hasta **60 GRADOS,** unos **20°** más que un **HUMANO.**

PROTOMAMÍFEROS

IMPRESIONANTES

Los animales terrestres dominantes durante el Pérmico fueron los protomamíferos, también conocidos como «sinápsidos» primitivos. Aunque muchos parecían reptiles, en realidad eran antepasados de mamíferos y animales similares, como revelan las estructuras similares de sus cráneos.

Los **PROTOMAMÍFEROS APARECEN POR PRIMERA VEZ EN EL REGISTRO FÓSIL** hace unos **310 millones de años,** durante el **CARBONÍFERO.**

El ***DIMETRODON*** era el **MAYOR DEPREDADOR TERRESTRE** del mundo en aquella época, **CON UNA LONGITUD DE HASTA**

4,6 m.

Se calcula que un ***Dimetrodon*** adulto **PESABA** unos **300 kg,** más o menos lo **MISMO QUE UN TIGRE.**

El ***DIMETRODON*** **MÁS PEQUEÑO QUE SE CONOCE** es el ***D. teutonis,*** que medía **60 cm** de longitud, lo mismo que un **DRAGÓN BARBUDO,** y pesaba unos **14 kg.**

El **Ophíacodon**, **PARECIDO A UN COCODRILO**, tenía el **CRÁNEO MÁS LARGO** de todos los sinápsidos primitivos, con una **LONGITUD** de hasta **50 cm.**

El voluminoso **Moschops**, **QUE ERA HERBÍVORO**, tenía un **CRÁNEO** de **11,5 cm DE GROSOR** en la parte superior, ideal para **DAR CABEZAZOS.**

Descubierto en **1938**, el ***MESENOSAURUS***, que se alimentaba de insectos y era **DEL TAMAÑO DE UNA IGUANA**, fue el **prímer PROTOMAMÍFERO** hallado en **RUSIA.**

El **Dímetrodon** tenía una **ALTA ALETA EN FORMA DE VELA** en la espalda que podía elevar hasta **1,5 m.**

Los **PRIMEROS FÓSILES DE *DIMETRODON*** se descubrieron en **1845**, en un pozo de una granja canadiense, pero la **PRIMERA COLA DE *DIMETRODON*** no se halló hasta **82 años MÁS TARDE** y medía **1,5 m DE LARGO.**

Se conocen **14** especies de *Dimetrodon*: **13** de **AMÉRICA DEL NORTE** y **1** de **ALEMANIA.**

El ***EDAPHOSAURUS***, **GRANDE** y **CON UNA ALETA**, como el ***DIMETRODON***, tenía hasta **150 DIENTES**, pero **SOLO SE ALIMENTABA DE PLANTAS.**

El **Díictodon**, un pequeño **SINÁPSIDO PARECIDO A UNA TALTUZA**, excavaba **MADRIGUERAS** en espiral de hasta **75 cm DE PROFUNDIDAD.**

Se han encontrado **rastros fósiles** de un ***DIMETRODON*** en **NUEVO MÉXICO, EE. UU.**, que muestran sus **PATAS** con **5 dedos** en la roca.

El ***DIMETRODON*** vivió **40 MILLONES** de años **ANTES** que los **PRIMEROS DINOSAURIOS.**

LA GRAN MORTANDAD

La peor extinción de la historia de la Tierra se produjo a finales del Pérmico, hace unos 252 millones de años. Esta catástrofe se conoce como la «Gran Mortandad», y en ella desaparecieron la mayoría de las especies animales y vegetales. Probablemente se debió a una gran actividad volcánica que inundó la atmósfera de dióxido de carbono, elevó las temperaturas y acidificó los océanos.

Las **TEMPERATURAS SUBIERON** unos **8 °C.**

En **SIBERIA**, donde existe una capa de **antigua lava subterránea** de **7 MILLONES DE KM²**, pueden encontrarse pruebas de la **ACTIVIDAD VOLCÁNICA** del Pérmico.

LAS ERUPCIONES DEL PÉRMICO SUPERIOR en Siberia duraron **2 millones de años,** y cubrieron de **LAVA** una zona del **TAMAÑO DE AUSTRALIA.**

El **70 %** de las **ESPECIES ANIMALES TERRESTRES desaparecieron.**

La **GRAN MORTANDAD,** también conocida como «extinción del Pérmico-Triásico», tuvo lugar **hace 251,9 millones de años.**

Uno de los **SUPERVIVIENTES** fue el ***Lystrosaurus,*** un **PARIENTE MAMÍFERO DE 1 M** de longitud, que era herbívoro y tenía **2 DIENTES EN FORMA DE COLMILLO.**

El *Lystrosaurus* representa alrededor del **90 %** de los restos de vertebrados terrestres del Triásico inferior.

El carbón procede de la materia vegetal. Una «**BRECHA DE CARBÓN**» de **10 MILLONES DE AÑOS** en el registro geológico es la prueba de que muchos **bosques desaparecieron**, quizá debido a la **LLUVIA ÁCIDA Y A LOS INCENDIOS FORESTALES.**

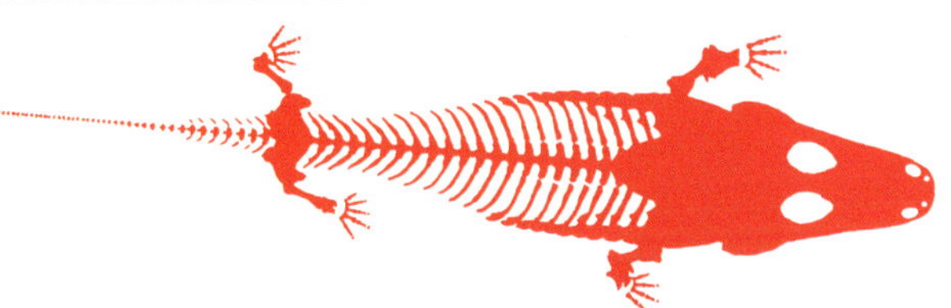

Los primeros **ANFIBIOS**, llamados **TEMNOSPÓNDILOS**, sobrevivieron hasta el **TRIÁSICO** y más allá. Algunos, como el ***Mastodonsaurus***, parecían **COCODRILOS** y alcanzaban los **6 m** de longitud.

SE EXTINGUIERON por lo menos **8** **ÓRDENES DE INSECTOS**, entre ellos los parientes **MÁS GRANDES DE LAS LIBÉLULAS**, los **MEGANISÓPTEROS.**

LA GRAN MORTANDAD se produjo hace unos **60 000 años.**

SE EXTINGUIERON hasta el **90 %** de las **ESPECIES MARINAS**, también **TODOS** los trilobites y los euriptéridos y **CASI TODOS** los ammonoideos y gasterópodos.

Los niveles de **dióxido de carbono**, **UN GAS DE EFECTO INVERNADERO**, aumentaron hasta **6 VECES** su nivel actual.

Después de la Gran Mortandad, la **VIDA** tardó hasta **10 millones de años** en **RECUPERARSE**, gracias al arraigo de los **ANTEPASADOS DE LOS DINOSAURIOS Y LOS MAMÍFEROS, LOS ANFIBIOS Y LOS ICTIOSAURIOS.**

EL TRIÁSICO

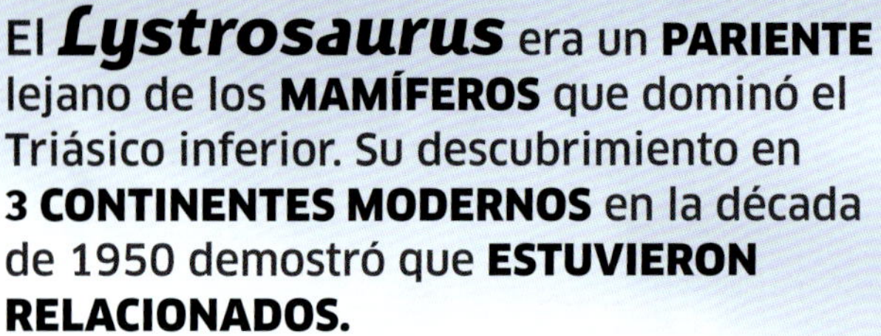

El ***Lystrosaurus*** era un **PARIENTE** lejano de los **MAMÍFEROS** que dominó el Triásico inferior. Su descubrimiento en **3 CONTINENTES MODERNOS** en la década de 1950 demostró que **ESTUVIERON RELACIONADOS.**

Al principio del Triásico, el nivel de **OXÍGENO** era aproximadamente **la mitad** del actual.

Durante el **TRIÁSICO INFERIOR** las **TEMPERATURAS EN VERANO** podían alcanzar los **60 °C.**

EL MAYOR FÓSIL DE ÁRBOL DEL TRIÁSICO en el Bosque Petrificado de Arizona mide **43 m DE LARGO,** lo que sugiere que podría haber crecido hasta los **60 m**, tan alto como un **EDIFICIO DE 20 PLANTAS.**

Pangea, el **MÁS RECIENTE** de los distintos **SUPERCONTINENTES** del pasado, existió durante más de **100 MILLONES DE AÑOS.**

Los **PRIMEROS DINOSAURIOS** aparecieron hace unos **20 MILLONES** de años en el período Triásico.

Recientemente, se han descubierto **fósiles triásicos** del fondo del **MAR DE TETIS** (que cubría la forma en C de Pangea) a **2740 m** de altitud en los **ALPES SUIZOS.**

EL MUNDO TRIÁSICO

Durante el período Triásico, casi toda la tierra estaba unida en un supercontinente llamado «Pangea», rodeado de océanos. Gran parte de Pangea era desértica, pero en el norte y en el sur brotaron plantas sin flores, como helechos, cícadas y coníferas. Los reptiles dominaban la tierra, el mar y el cielo, entre ellos los primeros dinosaurios.

Los **TELEÓSTEOS,** que aparecieron por primera vez en el Triásico, son un grupo de animales que incluye el **95 % DE LOS PECES ÓSEOS VIVOS ACTUALMENTE.**

El **TRIÁSICO COMENZÓ HACE 251,9 MILLONES DE AÑOS** y **DURÓ** unos **50 MILLONES DE AÑOS.** Representa el **1,1 %** de la **HISTORIA DE LA TIERRA.**

Una **EXTINCIÓN MASIVA** a **FINALES DEL TRIÁSICO** –probablemente causada por un **ACTIVIDAD VOLCÁNICA EXTREMA**– **ACABÓ CON EL 76 %** de todas las **ESPECIES ANIMALES,** lo que allanó el camino para que los dinosaurios dominaran la tierra.

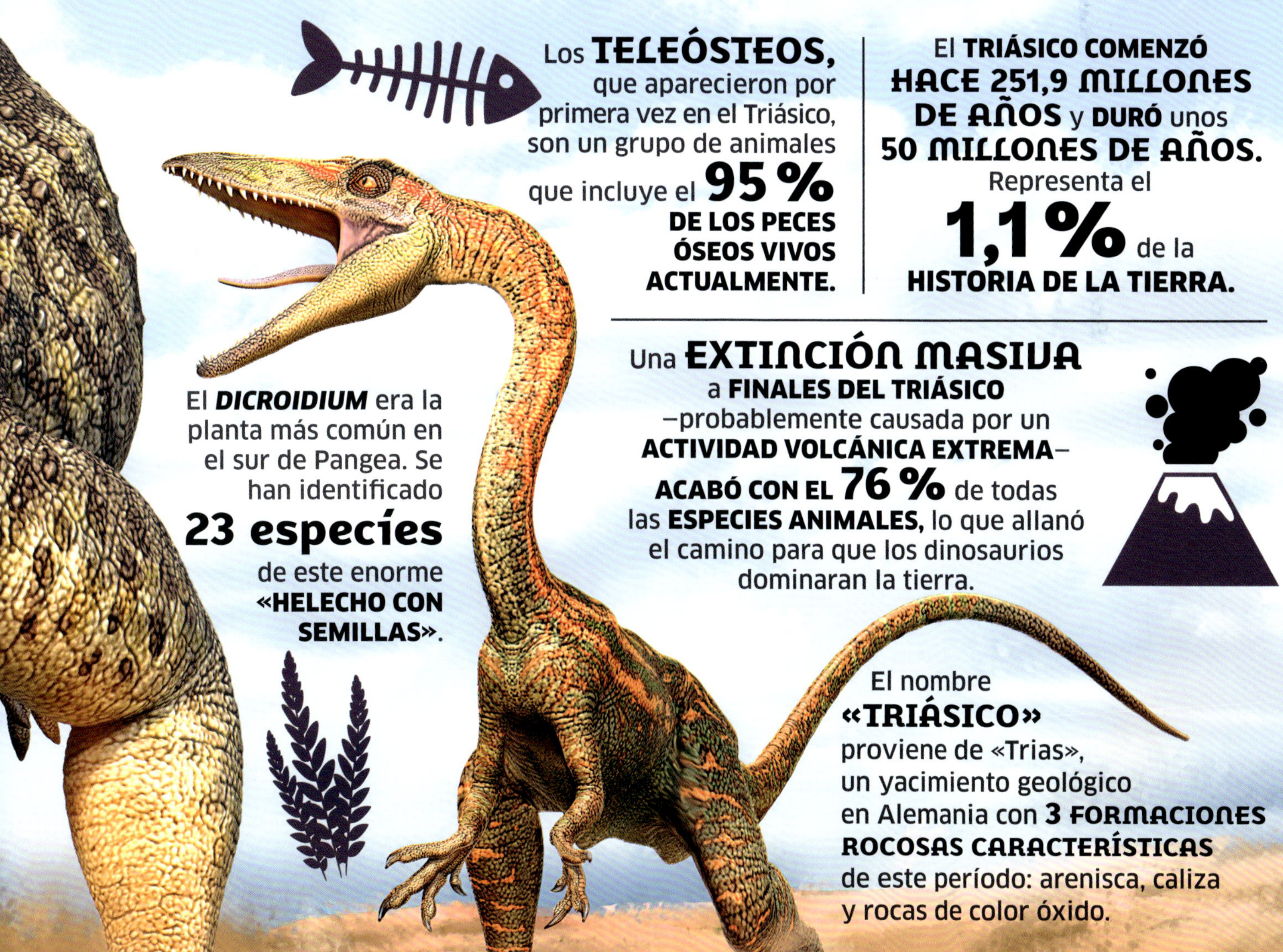

El ***DICROIDIUM*** era la planta más común en el sur de Pangea. Se han identificado **23 especies** de este enorme **«HELECHO CON SEMILLAS».**

El nombre **«TRIÁSICO»** proviene de «Trias», un yacimiento geológico en Alemania con **3 FORMACIONES ROCOSAS CARACTERÍSTICAS** de este período: arenisca, caliza y rocas de color óxido.

Reptiles

RAUISUQUIOS

Los rauisuquios, como el poderoso *Postosuchus*, eran primos primitivos de los cocodrilos actuales, pero sus patas se erguían como pilares en lugar de extenderse como las de los cocodrilos actuales. Estos depredadores de escamas rugosas, que se encuentran entre los mayores reptiles carnívoros del Triásico, tendieron emboscadas a los primeros dinosaurios.

Se calcula que el **Fasolasuchus** era el **REPTIL CARNÍVORO MÁS GRANDE** del Triásico superior. Con **8-10 m** de longitud, era casi tan **LARGO COMO UN AUTOBÚS.**

Un fósil de ***POSTOSUCHUS*** encontrado en **1992** tenía **RESTOS** de **4 animales diferentes** en el **ESTÓMAGO.**

Cada miembro anterior de ***POSTOSUCHUS*** tenía **5 DEDOS**, el **primero** de los cuales tenía una **GARRA DE GRANDES DIMENSIONES.**

El ***PRESTOSUCHUS*** se **DESCUBRIÓ** en **BRASIL** en **1928.** En **2010,** se encontró allí otro **ESQUELETO FÓSIL** casi completo de la criatura, de **6,7 m** de longitud.

El descubrimiento de un grupo de **2 ESQUELETOS ADULTOS** y **10 jóvenes** de ***POSTOSUCHUS*** sugiere que los adultos **PROTEGÍAN** a sus **CRÍAS.**

LA MAYORÍA DE LOS RAUISUQUIOS tenían hileras de **OSTEODERMOS PROTECTORES** (placas óseas de la piel) como los cocodrilos modernos pero el enorme ***Fasolasuchus*** solo tenía **1 HILERA** de escudos en la cola.

Un estudio de **137 HUESOS DE *MASTODONSAURUS* MARCADOS POR MORDEDURAS** y **314 DIENTES DE *BATRACHOTOMOS*** demostró que estos últimos **DESMEMBRABAN A SUS PRESAS.**

La **MAYORÍA** de los reptiles **RAUISUQUIOS** se **EXTINGUIERON** hace **200 MILLONES DE AÑOS,** lo que dio paso a los dinosaurios **TERÓPODOS** de **2 PATAS,** que se convirtieron en los **PRINCIPALES DEPREDADORES TERRESTRES.**

El ***Prestosuchus*** tenía **56 DIENTES LARGOS Y SERRADOS,** que se sustituyeron en **2 TANDAS ALTERNAS,** primero los impares y luego los pares.

Un **DIENTE** fosilizado de ***POSTOSUCHUS ALISONAE*** medía **7,2 cm** de largo, lo mismo que un **PULGAR DE UN HUMANO ADULTO.**

El ***Postosuchus*** se descubrió en Texas, EE. UU., en rocas que datan de hace **220 MILLONES DE AÑOS.**

El ***BATRACHOTOMUS*** tenía unas extremidades delanteras cortas, solo un **70 %** del tamaño de las traseras, lo que significa que caminaba sobre **2 PATAS ADEMÁS DE SOBRE 4.**

Para ser un **DEPREDADOR ALFA,** el ***SAUROSUCHUS*** tenía una mordedura delicada, con una fuerza de unos **1020 NEWTONS,** unas **15 VECES MÁS DÉBIL** que la del **COCODRILO MARINO** actual.

NOTOSAURIOS

HORRIPILANTES

Los mares del Triásico fueron el hogar de una familia de reptiles llamados «notosaurios». Al evolucionar de animales terrestres a depredadores marinos, sus fuertes extremidades se volvieron más parecidas a aletas. Muchos de ellos, como el *Nothosaurus*, tenían un cuello largo y flexible que les permitía girar la cabeza lateralmente para cazar peces y calamares.

El ***Nothosaurus*** podía medir hasta **5 m** de longitud y tenía una larga **COLA MUSCULOSA** para impulsarse **EN EL AGUA.**

Algunos **CIENTÍFICOS** creen que **1** rama de los **NOTOSAURIOS EVOLUCIONÓ** hasta convertirse en **PLESIOSAURIOS GIGANTES,** como el ***Liopleurodon.***

LAS HUELLAS FÓSILES de hace **245 MILLONES DE AÑOS** encontradas en **CHINA** sugieren que los **NOTOSAURIOS** utilizaban sus **2 PALAS DELANTERAS** (manos) para sacar el barro y encontrar **PECES Y GAMBAS PARA ALIMENTARSE.**

El ***NOTHOSAURUS*** tenía **5 GARRAS CORTAS** en cada uno de sus **4 PIES PALMÍPEDOS** para **TREPAR** por **ROCAS RESBALADIZAS** en tierra firme.

Uno de los **NOTOSAURIOS MÁS PEQUEÑOS, EL *Lariosaurus,*** pesaba solo **10 kg.**

Existían alrededor de

12 especies de *Nothosaurus.*

Se han descubierto **FÓSILES** de este **REPTIL** en **ÁFRICA, ASIA Y EUROPA.**

Se ha encontrado un **FÓSIL** de ***Nothosaurus zhangi*** con una **MANDÍBULA INFERIOR** de

65 m

de longitud, es decir, tan **LARGA COMO UN BULLDOG.**

Aunque los **NOTOSAURIOS PROSPERARON** durante el **TRIÁSICO,** todos **DESAPARECIERON** en una extinción masiva hace unos

200 millones de años.

LOS NOTOSAURIOS tenían que salir a la superficie para respirar porque **CARECÍAN DE BRANQUIAS.**

Con unos

120

DIENTES entrelazados **EN FORMA DE DAGA,** el ***Nothosaurus*** no tenía problemas para **AGARRAR PECES ESCURRIDIZOS** para alimentarse.

Algunos notosaurios, como el ***LARIOSAURUS,*** tenían **2 aletas delanteras** parecidas a las de las focas, **SIN DEDOS,** pero sí conservaban los dedos en las patas traseras.

Con **3 m** de longitud, el ***Ceresiosaurus*** **NO** era el **NOTOSAURIO MÁS GRANDE,** pero tenía las **ALETAS MÁS LARGAS** que cualquier otro.

El ***EODROMAEUS*** y el ***EORAPTOR***, ambos **PEQUEÑOS** y **CON 2 PATAS**, tenían un aspecto similar, pero el **PRIMERO** es el predecesor de los **TERÓPODOS**, como el ***T. rex***, mientras que el **SEGUNDO** es un predecesor de los **SAURÓPODOS**, como el ***Díplodocus.***

Los dinosaurios encontrados en la Formación Santa María de Brasil van desde el ***Pampadromaeus*** de alrededor de **1 m** de largo, al ***Gnathovorax***, de **3 m** de largo.

Los escaneos de los fósiles de **3 DINOSAURIOS PRIMITIVOS** –*Buriolestes, Pampadromaeus* y *Gnathovorax*– indicaron que sus **HUESOS NO TENÍAN SACOS DE AIRE** para hacerlos más ligeros como los de los dinosaurios posteriores.

LOS PRIMEROS SAUROPODOMORFOS, los antepasados de los enormes **SAURÓPODOS** de **4 PATAS**, fueron los dinosaurios **MÁS ABUNDANTES** del **TRIÁSICO SUPERIOR.**

Los primeros **SAUROPODOMORFOS** pesaban menos de

50 KG.

A finales del Triásico, **30 MILLONES DE AÑOS DESPUÉS**, algunos superaban las

5 TONELADAS.

Las **EXTREMIDADES ANTERIORES** (brazos) del ***EORAPTOR*** son **la mitad** de **LARGAS** que las **POSTERIORES** (patas), lo que demuestra que caminaba sobre **2 patas.**

Los **PRIMEROS DINOSAURIOS INDISCUTIBLES** se han encontrado en **2 LUGARES:** **Brasil** y **Argentina.**

Un esqueleto fragmentado de ***EODROMAEUS*** excavado en **1996** tardó **15 años** en reconstruirse.

PANPHAGIA, que data de hace **231,4 millones de años**, significa **«COMER DE TODO»**, porque este pariente primitivo de los **SAURÓPODOS** seguía una **DIETA OMNÍVORA.**

PRIMITIVOS

Los dinosaurios más antiguos evolucionaron a partir de unos reptiles pequeños y veloces llamados «dinosauromorfos» en el sur de Pangea hace unos 240 millones de años. Carecían de rasgos distintivos, como placas o púas, que se observan en especies posteriores. Estos primeros dinosaurios corrían sobre dos patas y se alejaban de los grandes depredadores del Triásico superior, parecidos a los cocodrilos.

De las **7 PRIMERAS ESPECIES DE DINOSAURIOS** que se hallaron en la **FORMACIÓN SANTA MARÍA DE BRASIL,** **5** se descubrieron en el **SIGLO XXI.**

Los **primeros restos de dinosaurios confirmados** datan de hace unos **233 MILLONES de AÑOS,** pero entonces ya existían **VARIAS ESPECIES**, por lo que debieron **EVOLUCIONAR INCLUSO ANTES.**

El ***Nyasasaurus*** de **ÁFRICA,** que data de hace **243 millones de años,** es candidato a ser el **PARIENTE MÁS CERCANO DE LOS DINOSAURIOS.**

LOS PRIMEROS DINOSAURIOS eran de tamaño similar y **COMPARATIVAMENTE MÁS PEQUEÑOS**, en su mayoría de **10-35 KG.** Con el tiempo, el dinosaurio más grande sería hasta **35 millones de veces MÁS PESADO** que **EL MÁS PEQUEÑO.**

Con **1,2 m** de largo desde el morro hasta la cola, el ***EODROMAEUS*** solo habría llegado a la **ALTURA DE LA RODILLA** de un **HUMANO ADULTO.**

El **CRÁNEO** del primer fósil de ***Eoraptor*** medía apenas

12,3 cm

de longitud, un poco más que el **CRÁNEO DE UN ZORRO.**

El ***Eoraptor*** es uno de los **7 tipos** de dinosaurios descubiertos en **ISCHIGUALASTO,** lo que demuestra que ya existía una importante **DIVERSIDAD DE DINOSAURIOS** cuando vivió.

El ***Eoraptor,*** descubierto en

1991,

sigue siendo uno de los **ESQUELETOS DE VERTEBRADOS MÁS COMPLETOS** jamás descubiertos en la **FORMACIÓN ISCHIGUALASTO.**

El ***EORAPTOR*** era un omnívoro con más de **70 dientes, UNOS EN FORMA DE HOJA** para cortar las plantas y **OTROS SERRADOS Y CURVADOS HACIA ATRÁS** para rebanar la carne.

Se tardaron **4 años** en preparar el **PRIMER EJEMPLAR** para su exposición.

Un **LECHO DE CENIZA VOLCÁNICA** cercano ayudó a los científicos a datar al ***EORAPTOR*** en torno a hace **231 millones de años,** el **COMIENZO** de la **ERA DE LOS DINOSAURIOS.**

La **CAVIDAD OCULAR** ocupa **1/4** del cráneo, lo que sugiere que el ***Eoraptor*** tenía unos **OJOS GRANDES** a ambos lados de la cabeza que le facilitaban una **BUENA VISIÓN PANORÁMICA.**

El **primer esqueleto** lo descubrió el conservador **RICARDO MARTÍNEZ,** cuando vio **2 dientes** que sobresalían de una **ROCA DEL TAMAÑO DE UN PUÑO** envuelta por una capa de **MINERAL DE HIERRO.**

El ***EORAPTOR*** debe su nombre, que significa **«LADRÓN DEL AMANECER»,** a su temprano origen y a sus **MANOS CON 5 DEDOS** con **3 garras largas.**

EL PRIMER EJEMPLAR se envió a más de **8 370 km** al norte de **SAN JUAN, ARGENTINA,** hasta el **MUSEO FIELD** en **CHICAGO, ILLINOIS,** para su preparación.

EORAPTOR

Desenterrado de la famosa Formación Ischigualasto de Argentina, el *Eoraptor lunesis* es uno de los dinosaurios más primitivos descubiertos. Vivió en los exuberantes terrenos inundables del suroeste de Pangea y, aunque parece un pequeño terópodo bípedo, hoy se cree que es el predecesor de enormes saurópodos cuadrúpedos, como el *Brachiosaurus*.

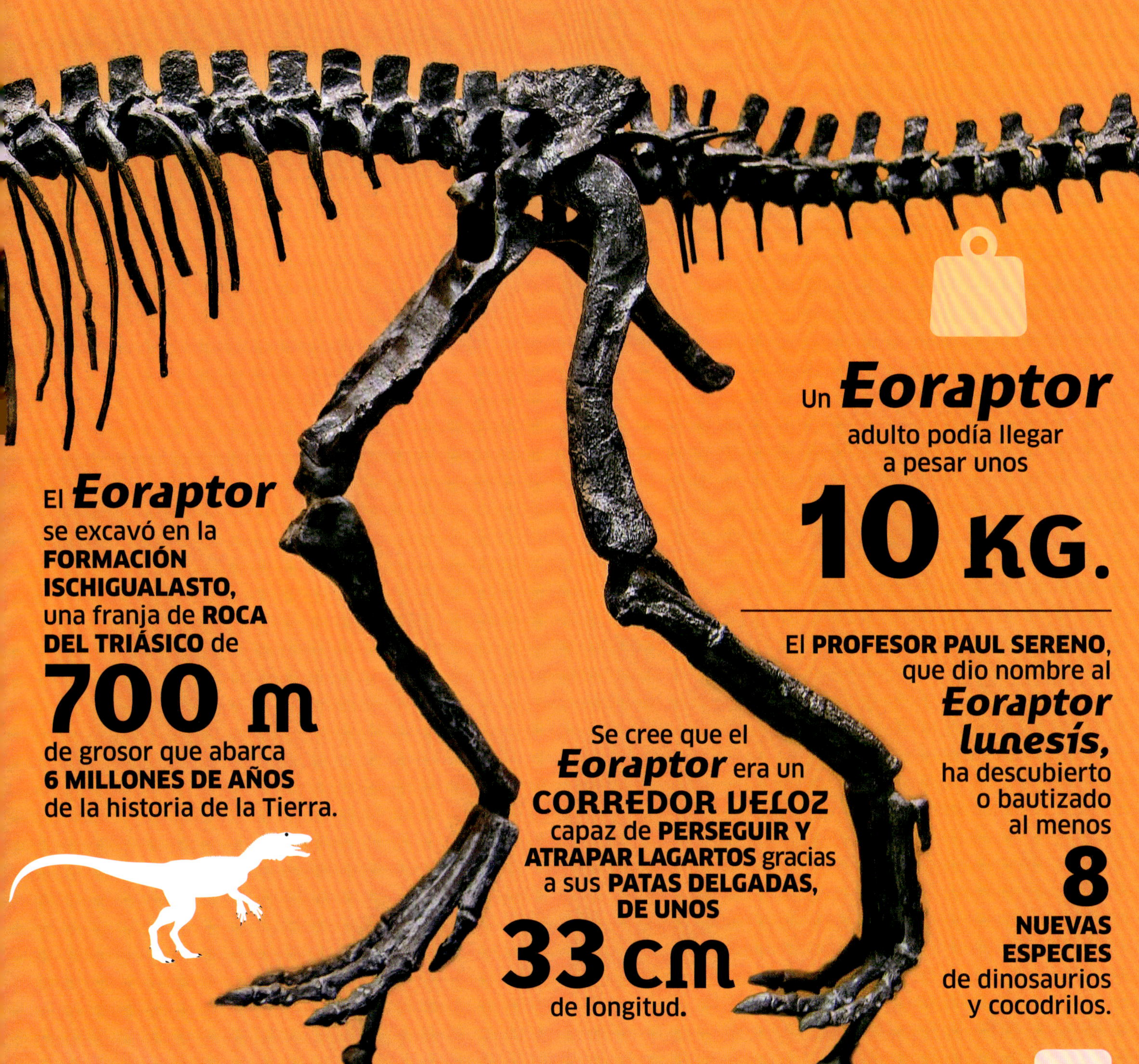

El **Eoraptor** se excavó en la **FORMACIÓN ISCHIGUALASTO,** una franja de **ROCA DEL TRIÁSICO** de

700 m

de grosor que abarca **6 MILLONES DE AÑOS** de la historia de la Tierra.

Se cree que el **Eoraptor** era un **CORREDOR VELOZ** capaz de **PERSEGUIR Y ATRAPAR LAGARTOS** gracias a sus **PATAS DELGADAS, DE UNOS**

33 cm

de longitud.

Un **Eoraptor** adulto podía llegar a pesar unos

10 KG.

El **PROFESOR PAUL SERENO**, que dio nombre al ***Eoraptor lunesis,*** ha descubierto o bautizado al menos

8

NUEVAS ESPECIES de dinosaurios y cocodrilos.

HERRERASÁURIDOS HAMBRIENTOS

El período Triásico marcó el comienzo de la era de los dinosaurios, y los herrerasáuridos fueron de los primeros en evolucionar. Estos carnívoros bípedos tenían dientes afilados que se curvaban hacia atrás para arrastrar a sus presas. Merodearon por el sur de Pangea durante unos seis millones de años.

En **1958** se encontraron por primera vez **FÓSILES** de ***HERRERASAURUS*** y el dinosaurio **RECIBIÓ EL NOMBRE** del **CRIADOR DE CABRAS** que lo descubrió, **Victorino Herrera.**

El ***Herrerasaurus*** **DEL TAMAÑO DE UN PONI**, fue **EL MAYOR** de los **PRIMEROS DINOSAURIOS CONOCIDOS** y pesaba unos **250 KG.**

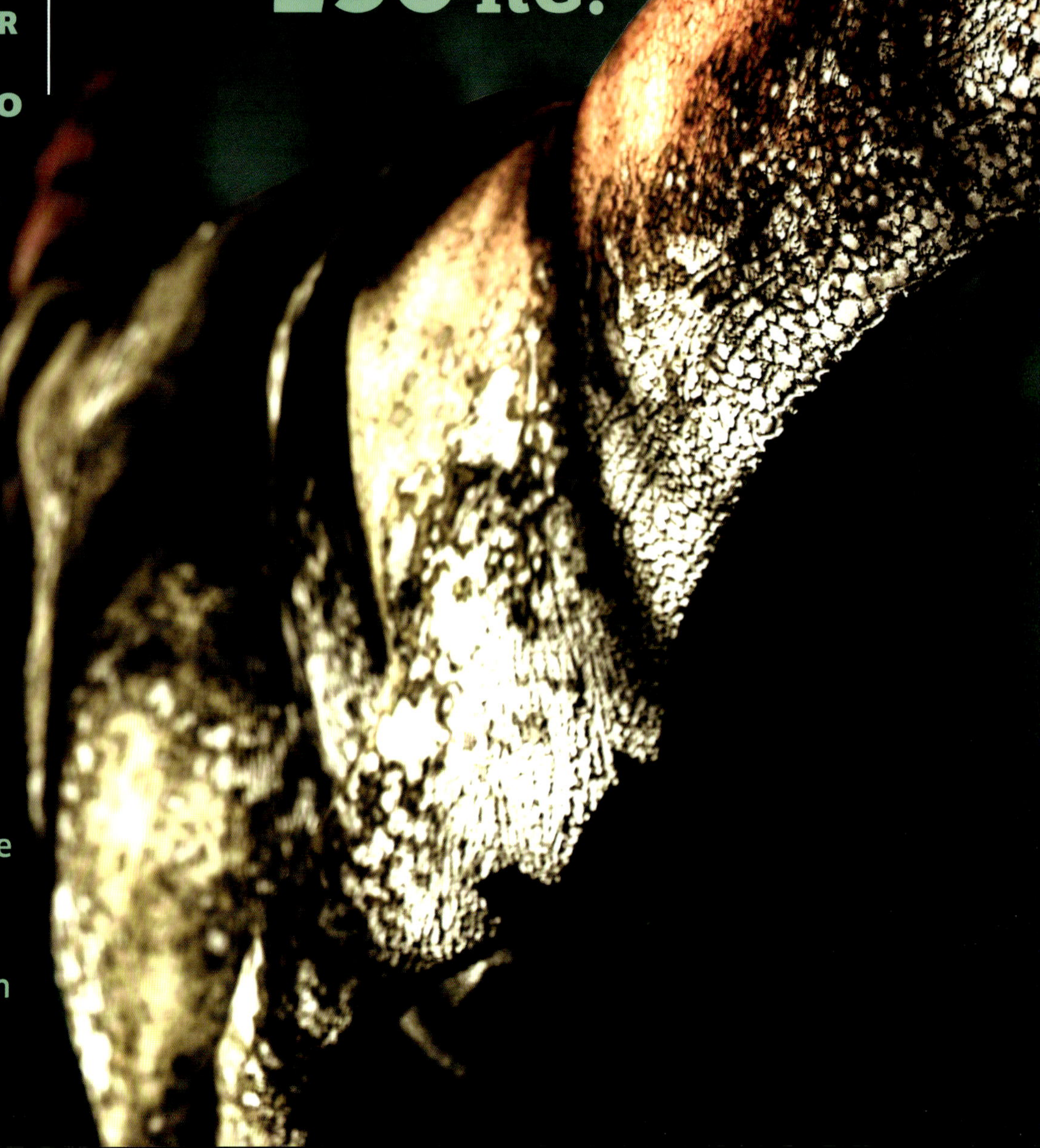

El ***HERRERASAURUS*** tenía **5 dedos** en cada pie, pero los **2 EXTERIORES** no soportaban su peso, lo que apunta a la **EVOLUCIÓN** hacia los **pies de 3 dedos** que tenían **MUCHOS DINOSAURIOS**.

El nombre de ***Gnathovorax*** está formado por **2 PALABRAS ANTIGUAS** en griego y en latín, que se traducen como **«MANDÍBULA VORAZ».**

Solo se ha encontrado **1 especie** de ***HERRERASAURUS***, el ***H. ISCHIGUALASTENSIS***, pero algunos paleontólogos creen que muchos otros **DINOSAURIOS EVOLUCIONARON A PARTIR DE ÉL.**

El ***HERRERASAURUS***, un ágil cazador, tenía unas patas robustas **2 veces** más largas que los brazos.

El ***Herrerasaurus*** tenía una **SEGUNDA BISAGRA** o articulación flexible a cada lado de la **MANDÍBULA INFERIOR,** que le ayudaba a sujetar a sus presas cuando estaban en apuros.

El esbelto ***STAURIKOSAURUS*** pesaba unos

30 KG.

Se **ALIMENTABA DE LAGARTOS** y **ESCARBABA LAS PRESAS** de otros depredadores más grandes.

El ***SANJUANSAURUS***, un carnívoro de **3 M** de longitud, **NO ERA UN DEPREDADOR ALFA,** ya que no era rival para el enorme reptil ***SAUROSUCHUS***,

2 veces

MÁS LARGO QUE ÉL.

Existe un debate sobre el lugar que ocupa el *Herrerasaurus* en el **ÁRBOL GENEALÓGICO DE LOS DINOSAURIOS** o sobre si era un dinosaurio. La mayoría de los expertos creen que se trata de uno de los **PRIMEROS SAURISQUIOS,** el grupo de dinosaurios que incluye tanto a los **TERÓPODOS DE 2 PATAS** como a los **SAURÓPODOS DE 4 PATAS.**

El **PRIMER ESQUELETO CASI COMPLETO DE *Herrerasaurus*** se descubrió en **1988,** en una arenisca de hace

230 millones de años.

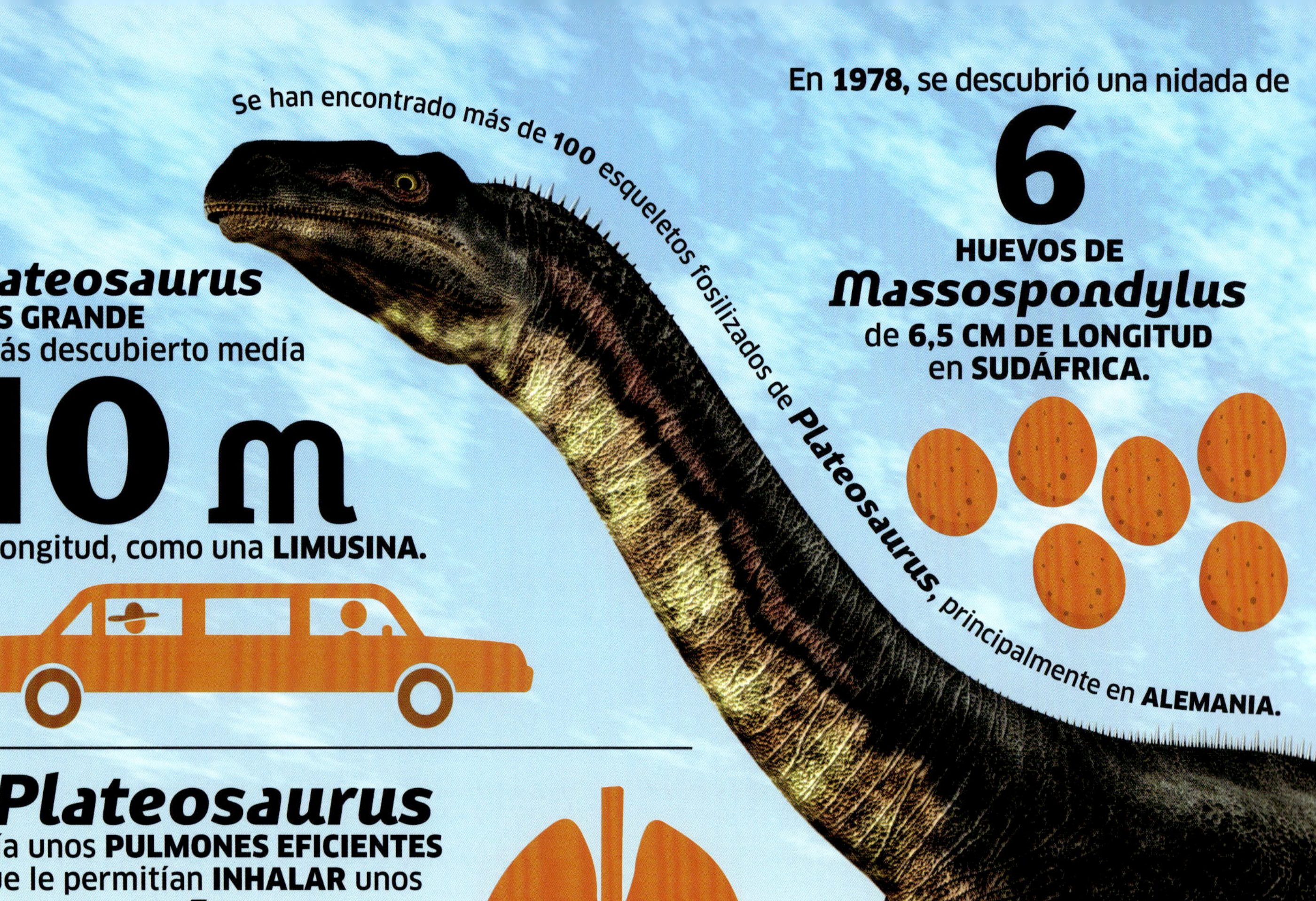

Se han encontrado más de **100** esqueletos fosilizados de ***Plateosaurus***, principalmente en **ALEMANIA.**

En **1978,** se descubrió una nidada de

6

HUEVOS DE

Massospondylus

de **6,5 CM DE LONGITUD** en **SUDÁFRICA.**

El ***Plateosaurus*** **MÁS GRANDE** jamás descubierto medía

10 m

de longitud, como una **LIMUSINA.**

El ***Plateosaurus*** tenía unos **PULMONES EFICIENTES** que le permitían **INHALAR** unos

20 litros

de **AIRE** en **1** sola **INSPIRACIÓN.**

Los **EMBRIONES DE DINOSAURIO MÁS ANTIGUOS** jamás encontrados son **CRÍAS** de ***Massospondylus*** de **190 millones de años** que medían

15 cm **DE LARGO.**

El ***Thecodontosaurus*** fue el **quinto dinosaurio** que se bautizó, en **1836,**

6 años

antes de que se utilizara el término **«DINOSAURIO».**

Se han encontrado a menudo **RESTOS** del prosaurópodo ***THECODONTOSAURUS,*** de

2 m

DE LARGO, en **«RELLENOS DE FISURAS»**, huecos en la tierra donde los huesos fueron arrastrados por el agua y luego enterrados.

PROSAURÓPODOS ÉPICOS

Estos dinosaurios de cuello largo y cráneo pequeño fueron los primeros parientes de los enormes saurópodos cuadrúpedos. Los prosaurópodos, como el *Plateosaurus*, eran generalmente más pequeños, tenían las extremidades anteriores más cortas que sus descendientes saurópodos y podían caminar sobre dos o cuatro patas.

Los embriones de ***Massospondylus*** desarrollaron **2 tipos** de dientes, **la mitad** de los cuales **SE REABSORBIERON ANTES DE ECLOSIONAR.**

Un ***Plateosaurus*** **ADULTO** podía **PESAR** hasta **4 TONELADAS,** aproximadamente lo **MISMO** que **4 BISONTES EUROPEOS.**

AL IGUAL QUE LOS HUMANOS, EL *Plateosaurus* tenía **5 dedos** en las **MANOS** y en los **PIES.**

El ***Plateosaurus*** tenía más de **100 DIENTES EN FORMA DE HOJA** que utilizaba para **CORTAR PLANTAS,** como **HELECHOS** y **CÍCADAS.**

El prosaurópodo ***LUFENGOSAURUS*** fue el **PRIMER DINOSAURIO** que apareció en un **SELLO DE CORREOS.** Tras descubrirse un esqueleto completo en **1958,** apareció en un **sello** chino de **8 yuanes.**

PLACODONTES PECULIARES

Este grupo de reptiles marinos que se alimentaban de moluscos apareció por primera vez hace unos 246 millones de años. A medida que aumentaba el tamaño de los depredadores que los rodeaban, los placodontes desarrollaron placas óseas para mantenerse a salvo. Sin embargo, las placas no pudieron protegerlos de las extinciones del Triásico superior; ningún placodonte sobrevivió a ellas.

El ***PSEPHODERMA***, de **1,8 m** de largo, tenía un **HOCICO** corto y estrecho, **SIMILAR A UN ATIZADOR,** para **BUSCAR PRESAS** en el lecho marino.

Además de sus **2 OJOS VERDADEROS, EL *Placodus*** tenía una **tercera ESTRUCTURA SIMILAR A UN OJO EN LA PARTE SUPERIOR DE LA CABEZA,** que probablemente utilizaba para **PERCIBIR LA LUZ** y **ORIENTARSE.**

Solo 1 se conoce **1 PLACODONTE** que viviera fuera del medio oceánico, el ***Henodus,*** que habitaba en **LAGUNAS** y **ESTANQUES.**

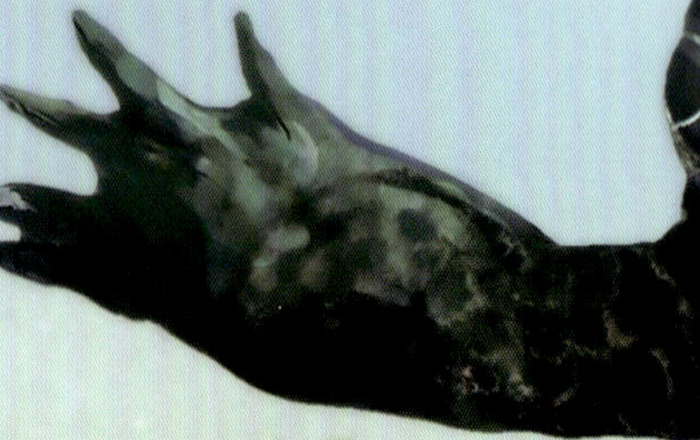

PLACODUS significa **«DIENTE PLANO»** debido a los **6 GRANDES DIENTES APLANADOS** que formaban una **ZONA DE TRITURACIÓN** en el paladar superior.

El ***PLACODUS,*** uno de los **placodontes más pesados,** con **227 KG,** tenía unos **HUESOS DENSOS** que le habrían ayudado a **HUNDIRSE EN EL LECHO MARINO** y a alimentarse sin hacer mucho esfuerzo.

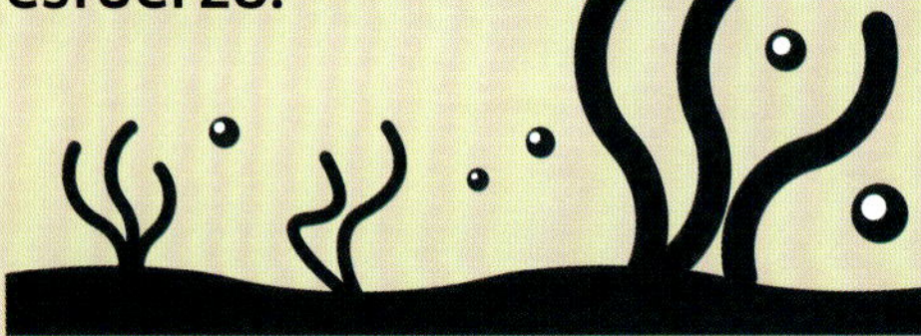

Gran parte de la **ARMADURA DEL *CYAMODUS*** estaba formada por **osteodermos de 6 lados** (placas óseas de la piel).

El ***HENODUS*** solo tenía **2 dientes** en cada mandíbula, pero también **UNA BARBA EN FORMA DE PÚAS,** lo que sugiere que podría haberse **ALIMENTADO POR FILTRACIÓN,** atrapando partículas de comida.

Los **placodontes** no eran gigantes de **1-3 m**, pero **PARECÍAN TORTUGAS MUY GRANDES.**

Cuando se descubrió **EL PRIMER PLACODONTE** en **1830**, se **CREYÓ QUE ERA** un **PEZ.**

Con sus **MANOS Y PIES PALMÍPEDOS DE 5 dedos** y su **FUERTE COLA**, el ***Placodus*** era un **BUEN NADADOR**, pero era bastante **TORPE EN TIERRA FIRME.**

EL CAPARAZÓN ACORAZADO DEL *Psephoderma* se dividía en **2 PARTES.**

La **CORAZA DEL PLACODONTE** se endureció más tarde pero no lo bastante rápido para las **2 CRÍAS DE *CYAMODUS*** que se encontraron **EN EL ESTÓMAGO** de un ***Lariosaurus*** fosilizado.

El ***Henodus*** medía **1 m DE LARGO** y **1 m DE ANCHO** y tenía la forma de una **TORTUGA MODERNA.**

Se han **ENCONTRADO FÓSILES DE PLACODONTE** en

3 CONTINENTES: EUROPA, ÁFRICA y **ASIA.**

TOP 5
LOS NADADORES MÁS GRANDES

Los reptiles marinos evolucionaron muy rápido para llegar a ser muy grandes. Quizás debido a la abundancia de presas, los mares del Triásico presenciaron la aparición de los primeros gigantes de verdad de la Tierra, mientras que los mosasaurios y los plesiosaurios más largos de la historia llegaron en el Cretácico.

1 ***SHONISAURUS SIKANNIENSIS***
Triásico superior • **COLUMBIA BRITÁNICA, CANADÁ**
Longitud: **21 M**
Se sigue debatiendo cuál fue el primer animal de verdad, pero un análisis de ADN de 2023 sugiere que podría tratarse de un pariente de los ctenóforos. Estos devoradores de plancton gelatinosos, que no deben confundirse con las medusas, utilizan ocho filas de cilios en forma de pelo para propulsarse por el agua.

2 ***CYMBOSPONDYLUS YOUNGORUM***
Triásico medio • **NEVADA, EE. UU.**
Longitud: **17 M**
Cuando en 2014 se desenterró un cráneo de ictiosaurio de 2 m de largo en las montañas Augusta de Nevada, la criatura de la que procedía se bautizó como «el primer gigante oceánico de la Tierra». Data de hace 246 millones de años y es el mayor fósil de su época.

3 ***MOSASAURUS HOFFMANNII***
Cretácico superior • **PAÍSES BAJOS Y MARRUECOS**
Longitud: **17 M**
Este monstruo carnívoro probablemente nadaba en el mar de Tetis cuando se extinguieron los dinosaurios hace 66 millones de años. Se trata del primer mosasaurio descubierto; fue en una cantera de yeso holandesa en 1762 y se confundió con una ballena y un cocodrilo antes de bautizarse como especie propia en 1829.

4 ***HIMALAYASAURUS TIBETENSIS***
Triásico superior • **TÍBET, CHINA**
Longitud: **15 M**
El *Himalayasaurus*, llamado así por la región montañosa donde se descubrió en 1972, solo se conoce por fragmentos de cráneo, huesos de aletas y algunas vértebras. Emparentado con los shastasáuridos gigantes como el *Shonisaurus*, se calcula que superaba los 15 m de longitud.

5 ***ALBERTONECTES VANDERVELDEI***
Cretácico superior • **ALBERTA, CANADÁ**
Longitud: **11,5 M**
El *Albertonectes* es un género de plesiosaurios de cuello extremadamente largo conocidos como «elasmosaúridos». Esta especie ostenta el título de tener el cuello más largo de todos los reptiles marinos, con 7 m de longitud, el cual ocupa la mayor parte de su cuerpo. Existe un fósil casi completo que cuenta con 132 vértebras.

El **Coelophysis** tenía **2 OJOS INUSUALMENTE GRANDES, ORIENTADOS HACIA DELANTE,** que le habrían ayudado a observar a **DEPREDADORES Y PRESAS** desde largas distancias.

El **22 DE ENERO DE 1998** se envió al espacio un **CRÁNEO** de ***COELOPHYSIS*** de **210 millones de años** a bordo del transbordador ***ENDEAVOUR*.**

Existen **2 formas** de ***COELOPHYSIS*.** Una tiene el cráneo y el cuello más largos, lo que podría sugerir que **LOS MACHOS ERAN MÁS GRANDES QUE LAS HEMBRAS...** o al revés.

El ***COELOPHYSIS*** tenía más de **50 DIENTES EN FORMA DE SIERRA QUE APUNTABAN HACIA ATRÁS**, por lo que era difícil que se les escapara una presa.

En una cantera de **GHOST RANCH**, Nuevo México, EE. UU., se desenterraron huesos fósiles de hasta **1000 *COELOPHYSIS BAURI*.** Se trata de la **MAYOR FOSA COMÚN DE CUALQUIER ESPECIE DE DINOSAURIO.**

El **Coelophysis** tenía un **CUARTO DEDO** en cada mano que **NO UTILIZABA PARA NADA.**

El ***COELOPHYSIS*** tenía **2 LARGAS PATAS TRASERAS** y probablemente habría alcanzado velocidades de hasta **40 KM/H.**

El veloz COELOPHYSIS

El nombre de este dinosaurio del Triásico superior procede del griego y significa «forma hueca», porque tenía los huesos huecos. El pequeño y ligero armazón de *Coelophysis* lo convertía en un cazador rápido. Este carnívoro con aspecto de ave tenía un cuello largo en forma de S que podía estirar para capturar mejor a sus presas.

Nuevo México, el **47.º** estado de los Estados Unidos, adoptó el ***Coelophysis*** como fósil del Estado en **1981**.

Se creía que el ***Coelophysis*** era un **CANÍBAL**, pero **ESTUDIOS POSTERIORES** de **2 esqueletos** demostraron lo **CONTRARIO**: todos los **HUESOS DEL ESTÓMAGO DE LOS DINOSAURIOS** procedían de **OTRAS ESPECIES.**

En **2021**, los científicos utilizaron una simulación de ***COELOPHYSIS BAURI*** para demostrar que los **DINOSAURIOS BÍPEDOS** probablemente **MOVÍAN LA COLA** mientras corrían para **MANTENER EL EQUILIBRIO.**

El ***Coelophysis*** tenía **3 DEDOS LARGOS CON GARRAS** en cada mano, perfectos para **AGARRAR** a sus **PRESAS,** como **REPTILES Y PECES.**

El ***COELOPHYSIS*** caminaba sobre **3 dedos** de **FORMA SIMILAR** a las aves de caza modernas, como la **PINTADA.**

El ***COELOPHYSIS*** alcanzaba los **3 m** de longitud y **PESABA** hasta **50 KG.**

El **BRASILODON QUADRANGULARIS,** de **20 CM** de longitud, es uno de los **PARIENTES MÁS CERCANOS CONOCIDOS** de los primeros mamíferos. Vivió en lo que hoy es **BRASIL, hace 225 millones de años.**

El ***Megazostrodon*** tenía un **CRÁNEO** similar al de una **ZARIGÜEYA,** pero el animal entero medía **SOLO 10 cm** de longitud.

Se **DESCONOCE** el **antepasado común** de todos los **MAMÍFEROS,** pero las **RECONSTRUCCIONES** de su **GENOMA** indican que compartía **9 cromosomas** o fragmentos de cromosomas con las **AVES** actuales.

En Egg Mountain (un lugar de anidación de dinosaurios en Montana, EE. UU.) se encontraron un total de **22 ESQUELETOS DE *Fílíkomys*** agrupados en **GRUPOS DE EDADES MIXTAS** de **2-5,** lo que demuestra que, **A DIFERENCIA DEL 70 % DE LOS MAMÍFEROS ACTUALES,** eran criaturas sociales.

Los primeros mamíferos tenían **4 TIPOS DE DIENTES** **—INCISIVOS, CANINOS, PREMOLARES** y **MOLARES—** que les permitían **agarrar, cortar y masticar los alimentos.**

El ***Zalambdalestes,*** del **CRETÁCICO SUPERIOR DE MONGOLIA,** medía **20 cm** de longitud y es posible que saltara como un **JERBO** sobre sus **LARGAS PATAS TRASERAS.**

Uno de los **MAMÍFEROS PRIMITIVOS MÁS GRANDES,** el ***Sinoconodon,*** del tamaño de una rata, pesaba hasta **517 g.**

Los primeros

MAMÍFEROS

Durante el período Triásico, los primeros mamíferos comenzaron a corretear por la Tierra. Muchos se parecían a las musarañas, se alimentaban de insectos y pequeños reptiles y salían de noche para evitar ser capturados por los dinosaurios. Estos primeros mamíferos probablemente ponían huevos, pero eran de sangre caliente y criaban a sus pequeños con leche.

El ***Morganucodon*** era una **CRIATURA DE MADRIGUERA DEL TRIÁSICO SUPERIOR** de unos **9 CM** de largo con una cola la **mitad DE LARGA QUE SU CUERPO.**

El **MORGANUCODON,** similar a una musaraña, **PESABA UN MÁXIMO** de **80 g.**

El ***Sinoconodon*** era un **ANTEPASADO DE LOS MAMÍFEROS DE 193 MILLONES DE AÑOS** con un **CRÁNEO DE 6,2 CM** de largo.

Se calcula que el **MORGANUCODON** vivió unos **14 AÑOS.**

Los **PRIMEROS RESTOS CONOCIDOS** de **mamíferos placentarios,** que daban a luz a **CRÍAS VIVAS** en lugar de poner huevos, datan de hace **145 MILLONES DE AÑOS.**

EL JURÁSICO

EL MUNDO JURÁSICO

Hace unos 200 millones de años, un supercontinente se dividió en dos, el nivel del mar y las temperaturas eran elevadas y los reptiles siguieron dominando la tierra, el mar y el aire. En el Jurásico aparecieron grandes depredadores, como los alosaurios, así como los primeros estegosaurios, aves y saurópodos gigantes.

El nombre **«JURÁSICO»** procede de los **MONTES DEL JURA EN SUIZA,** donde **SE IDENTIFICARON POR PRIMERA VEZ** rocas de este período en **1795.**

EL JURÁSICO fue un **PERÍODO CÁLIDO Y HÚMEDO,** con **TEMPERATURAS** medias en verano de **30 °C.**

La **ESPECIE DE ÁRBOL MÁS ANTIGUA QUE SE CONSERVA** es el gingko, ***Ginkgo biloba,*** un árbol del Jurásico de hace unos **160 MILLONES DE AÑOS.**

El **Jurásico** duró entre **201,3** y **145 MILLONES DE AÑOS.**

La **«PRIMERA AVE»** o dinosaurio parecido a las aves, el ***ARCHAEOPTERYX,*** apareció hace unos **150 MILLONES DE AÑOS** en **ALEMANIA,** cuando formaba parte de un grupo de islas de un **MAR TROPICAL.**

La ***Florigerminis jurassica***, considerada la **PRIMERA PLANTA CON FLORES**, se descubrió en **MONGOLIA** en **2022** y tiene una antigüedad de **164 millones de años.**

LOS ÁRBOLES VIVOS MÁS ALTOS de la Tierra, las ***SEQUOYAS,*** aparecieron por primera vez en el Jurásico. Pueden alcanzar los **116 m** de altura, **1,25 VECES** más que **LA ESTATUA DE LA LIBERTAD.**

Los **SAURÓPODOS** crecían muchísimo en el Jurásico, pero sus crías solo pesaban **5 KG.**

Hace unos **200 MILLONES DE AÑOS,** el **SUPERCONTINENTE PANGEA SE DIVIDIÓ** en **2 nuevos CONTINENTES MÁS PEQUEÑOS: LAURASIA** en el **NORTE** y **GONDWANA** en el **SUR.**

El Jurásico superior fue el período de mayor esplendor para los **SAURÓPODOS,** con al menos **24 especies** en América del Norte.

El **OCÉANO** jurásico **DE TETIS** albergaba **EL MAYOR ARRECIFE DE LA HISTORIA,** una acumulación de esponjas vítreas de **7000 km** de largo, **3 VECES** la longitud de la **GRAN BARRERA DE CORAL.**

Los **PRIMEROS estegosaurios** aparecieron en **LAURASIA** hace unos **170 millones de años.**

NEOTERÓPODOS del

JURÁSICO INFERIOR

El único grupo de terópodos que sobrevivió a la extinción del Triásico-Jurásico hace 201,4 millones de años fue el de los neoterópodos. Este variado grupo de dinosaurios bípedos con dientes afilados incluía a los mayores carnívoros terrestres del Jurásico inferior, como el *Dilophosaurus* y el *Cryolophosaurus.*

Un **NEOTERÓPODO DE DOBLE CRESTA** descubierto en **CHINA** en **1938** recibió el nombre de ***Sinosaurus triassicus,*** pero más tarde se descubrió que databa de hacía **199 MILLONES DE AÑOS** y que pertenecía al Jurásico inferior **Y NO AL TRIÁSICO.**

El ***CRYOLOPHOSAURUS*, QUE TENÍA UNA CRESTA EN FORMA DE ABANICO,** con más de **6,5 m** de largo, es el **TERÓPODO MÁS GRANDE QUE SE CONOCE** del **JURÁSICO INFERIOR.**

El nombre de **DILOPHOSAURUS** significa **«LAGARTO DE DOS CRESTAS».**

Un estudio de **60** fragmentos de pie de ***DILOPHOSAURUS*** **NO** encontró **NINGUNA FRACTURA**, lo que sugiere que este carnívoro era ligero de pies.

El ***Dílophosaurus*** pesaba hasta **450 KG,** pero, al igual que otros **NEOTERÓPODOS,** sus **HUESOS TENÍAN BOLSAS DE AIRE** que mantenían **LIGERO** su esqueleto.

En el **DINOSAUR STATE PARK** en Connecticut, EE. UU., se han encontrado unas **2 000** **HUELLAS FOSILIZADAS** que probablemente pertenecen al ***Dílophosaurus.***

En la **PRIMERA** película de ***PARQUE JURÁSICO***, estrenada en **1993,** aparece un ***Dílophosaurus*** con un **COLLAR EXTENSIBLE** capaz de **ESCUPIR VENENO,** pero no existe **ninguna** prueba de ello.

El pequeño ***Tachiraptor*** solo medía **1,5 m** de largo y es uno de los pocos dinosaurios hallados en **VENEZUELA.**

El ***SHUANGBAISAURUS*** vivió en la actual China, pero hasta ahora **SOLO** se ha encontrado **1 CRÁNEO PARCIAL** de **54 CM** de longitud.

Excavado a **4100 m** por encima del nivel del mar en un yacimiento situado a **640 km** del **POLO SUR,** el ***CRYOLOPHOSAURUS*** fue el **PRIMER DINOSAURIO CARNÍVORO** descubierto en la **ANTÁRTIDA.**

El ***DILOPHOSAURUS*** corría sobre **2 PATAS TRASERAS MUSCULOSAS** a una velocidad de **32 KM/H**

Los escalofriantes

CERATOSAURIOS

Este variado grupo de dinosaurios terópodos vivió desde el Jurásico inferior hasta el Cretácico superior. Los ceratosaurios eran veloces sobre dos largas patas y su tamaño variaba desde el omnívoro *Limusaurus*, que apenas nos llegaría a la cintura, hasta el enorme *Carnotaurus*, un carnívoro con cuernos de toro.

El ***CERATOSAURUS*** tenía **DIENTES COMO CUCHILLOS** que llegaban a medir más de **9 CM DE LONGITUD.**

El nombre de ***«CERATOSAURUS»*** significa **«LAGARTO CORNUDO»** por el **PICO QUE TENÍA EN LA NARIZ.** Su cuerno **ALCANZABA HASTA**

7 cm

de largo.

Identificado únicamente por la **PUNTA DE SU MORTÍFERO HOCICO,** repleto de dientes largos y curvados, el ***GENYODECTES*** se convirtió en el **primer terópodo** descubierto en **SUDAMÉRICA,** en **1901.**

El ***Ceratosaurus*** era un terópodo **EXTRAORDINARIO** porque tenía una hilera de pequeños **OSTEODERMOS** (placas óseas en la piel) que le recorrían la espalda. En la cola, estos medían hasta **3,8 cm** de altura.

Un ***Ceratosaurus*** adulto podía **PESAR** unos **980 KG,** casi como **EL OSO POLAR MÁS PESADO DEL QUE SE TIENE CONSTANCIA.**

El ***CARNOTAURUS,*** **QUE CORRÍA** sobre **2 PATAS,** podía **ALCANZAR VELOCIDADES** de hasta **40 KM/H** en distancias cortas.

Un equipo de **CHINA** encontró **19 ejemplares** de ***LIMUSAURUS*** de **6 GRUPOS DE EDAD DISTINTOS,** que mostraron que sus **DIENTES** se **SUSTITUYERON POR UN PICO** a medida que envejecía.

Los **BRAZOS** del **Carnotaurus** eran **MUY CORTOS.** Medían unos **50 CM** de largo, apenas el

12 %

de la longitud de sus patas.

En comparación con su cuerpo, el **Ceratosaurus** **TENÍA UNA CABEZA GRANDE.** Su cráneo medía **60 cm** de largo, como **2 BOCADILLOS.**

El ***ELAPHROSAURUS***, descubierto por primera vez en **TANZANIA** en

1920,

no se reconoció como ceratosaurio hasta

2016,

cuando la **RENOVACIÓN DE UN MUSEO** dio a los paleontólogos la oportunidad de **EXAMINAR SU ESQUELETO.**

El ***CERATOSAURUS***, uno de los **PRINCIPALES DEPREDADORES DEL JURÁSICO SUPERIOR**, medía **7 m** de longitud, aproximadamente ⅔ del tamaño del posterior ***T. REX.***

El **Majungasaurus** podría haber **REEMPLAZADO TODA SU DENTADURA** cada

2 MESES.

La cola de un ***CERATOSAURUS*** constaba de más de

50 VÉRTEBRAS

y representaba aproximadamente

la mitad

de la **LONGITUD TOTAL DE SU CUERPO.**

El ***MAJUNGASAURUS*** fue uno de los últimos **TERÓPODOS CONOCIDOS.** Vivió durante los últimos

4 millones de años

antes de la **EXTINCIÓN** de los dinosaurios no avianos hace 66 millones de años.

El ***Mamenchisaurus hochuanensis*** PESABA unas **15 TONELADAS,** el equivalente a **6 hipopótamos.**

El cuello de un ***MAMENCHISAURUS*** constaba de **19 VÉRTEBRAS, MÁS QUE EL DE CUALQUIER OTRO DINOSAURIO.** En comparación, una **JIRAFA** solo tiene **7 huesos en el cuello.**

El **OMEISAURUS**, uno de los mamenquisáuridos **MÁS GRANDES**, medía hasta **20 m** de largo.

Para mantener su peso, el ***MAMENCHISAURUS*** habría tenido que comer unos **520 KG** de vegetación al día, lo que equivale a unas **6 500 RACIONES HUMANAS DE ESPINACAS.**

Se conocen **8 ESPECIES** de ***OMEISAURUS*** y **6 especies** de ***MAMENCHISAURUS.***

Conocido únicamente por una cola excavada en **1912** en **TANZANIA**, el ***Wamweracaudia***, de **150 MILLONES DE AÑOS DE ANTIGÜEDAD,** fue el **PRIMER MAMENQUISÁURIDO** hallado fuera de Asia.

Los estudios de un **cúbito** (hueso de la pata delantera) de ***Mamenchisaurus*** de **96 CM DE LARGO** demostraron que el dinosaurio vivió hasta los **43 AÑOS.**

Los **MAMENQUISÁURIDOS,** que eran herbívoros, podrían haber liberado más de **2 650 litros** de **GAS METANO** cada día a través de **ERUCTOS Y PEDOS.**

Aunque el cuello del ***MAMENCHISAURUS*** era **LARGO,** sus **HUESOS** eran **LIGEROS,** hasta un **77 % LLENOS DE AIRE, COMO** los de las **aves.**

Los maravillosos
MAMENQUISÁURIDOS

Estos característicos saurópodos tenían cuellos ultralargos, que representaban hasta la mitad de la longitud total de su cuerpo. Los mamenquisáuridos, que datan del Jurásico y el Cretácico inferior, se han descubierto en Asia y África, y entre ellos se encuentran algunos de los animales más grandes de la historia.

El **MAYOR MAMENQUISÁURIDO** podría ser el ***MAMENCHISAURUS SINOCANADORUM* DE CHINA.** Se calcula que medía **26 m DE LARGO.**

Un **CRÁNEO** de ***Mamenchisaurus youngi***, que incluía la mayoría de sus **DIENTES, EN FORMA DE PALA,** indicó que tenía **44 DIENTES** en la **MANDÍBULA SUPERIOR** y **48** en la **INFERIOR.**

El ***MAMENCHISAURUS HOCHUANENSIS*** tenía una **COLA EN FORMA DE PORRA.** Sin embargo, con una **FUERZA DE IMPACTO** de solo **450 NEWTONS, PROBABLEMENTE NO LA UTILIZABA PARA DEFENDERSE.**

En una excavación llevada a cabo en **1974** en una cantera de **ZIGONG, CHINA,** se encontraron huesos de al menos **13 *OMEISAURUS*,** que se ensamblaron en **2 ESQUELETOS.**

El ***OMEISAURUS TIANFUENSIS*** tenía uno de los **CUELLOS MÁS LARGOS** en comparación con el tamaño corporal de cualquier animal. Con **9,1 m** de largo, constituía **la mitad TOTAL** de su **CUERPO.**

TOP 5
LOS CUELLOS MÁS LARGOS

El animal más alto de todos los tiempos era un gigantesco dinosaurio saurópodo cuadrúpedo que se alimentaba de las copas de los árboles. La mayoría de las veces, los paleontólogos calculan su altura a partir de unos pocos huesos supervivientes.

1

MAMENCHISAURUS SINOCANADORUM
Jurásico superior • Xinjiang, China
Longitud estimada del cuello: **15 M**

Hace unos 162 millones de años, un saurópodo con un cuello seis veces más largo que el de la jirafa más alta retumbó por los bosques de Asia. Los científicos calcularon el tamaño de su cuello en 2023 basándose en unas cuantas vértebras encontradas en 1987.

2

SUPERSAURUS VIVIANAE • Jurásico superior • EE. UU.
Longitud estimada del cuello: **15 M**

Se calcula que este enorme saurópodo norteamericano es el dinosaurio más largo encontrado hasta ahora, con un cuello del mismo tamaño que el del *Mamenchisaurus* y una cola aún más larga. El nombre de la especie procede de Vivian Jones, la paleontóloga aficionada que lo descubrió en 1972.

3

XINJIANGTITAN SHANSHANESIS • Jurásico medio
Xinjiang, China • Longitud del cuello: **14,9 M**

Bautizado así por la región china donde se descubrió, este titánico fósil de Xinjiang ostenta el cuello completo más largo de cualquier dinosaurio hasta la fecha. Con 18 vértebras enormes, se utilizó como comparación para ayudar a calcular el tamaño del cuello de su pariente cercano, el *Mamenchisaurus*.

4

SAUROPOSEIDON PROTELES • Cretácico inferior • EE. UU.
Longitud estimada del cuello: **11,5 M**

El *Sauroposeidon*, identificado por primera vez gracias a unos enormes huesos del cuello hallados en el estado de Oklahoma en 1994, podría haber alcanzado los 18 m de altura. Su nombre hace referencia a Poseidón, el dios griego de los terremotos (así como del mar), porque debía de provocar temblores a cada paso.

5

DREADNOUGHTUS SCHRANI • Cretácico superior
Patagonia, Argentina • Longitud estimada del cuello: **11 M**

Este titanosaurio sudamericano cuyo nombre significa «con miedo a nada» data de hace 77 millones de años. El *Dreadnoughtus*, cuyo peso estimado más reciente es de 48 toneladas, se hizo temporalmente con el título del animal terrestre más enorme cuando se describió por primera vez en 2014.

ESTEGOSAURIOS SORPRENDENTES

Estos grandes herbívoros cuadrúpedos de cabeza estrecha y dedos en forma de pezuña vivieron en los bosques entre el Jurásico medio y el Cretácico inferior. Se los conoce por sus dos filas de placas óseas en la espalda, ¡pero sigue siendo un misterio para qué servían exactamente!

El ***Stegosaurus armatus*** es el **ESTEGOSAURIO MÁS GRANDE.** Alcanzaba los **9 m,** aproximadamente la longitud de **2 coches.**

El ***Miragaia*** tiene el **CUELLO MÁS LARGO** de todos los **ESTEGOSAURIOS,** con al menos **17 VÉRTEBRAS** que representaban **⅓** de la **LONGITUD DE SU CUERPO.**

El **PRIMER ESTEGOSAURIO DESCUBIERTO, EL *Dacentrurus,*** se **ENCONTRÓ EN UN POZO DE ARCILLA** en **INGLATERRA** en **1874.**

Un estudio de **51 PÚAS DE COLA DE *STEGOSAURUS*** indicó que el **10 %** eran **PUNTAS ROTAS** que estaban **SANANDO,** lo que sugiere que las utilizaban con éxito para **DEFENDERSE DE LOS DEPREDADORES.**

La **COLA DE 4 PÚAS** de muchos **ESTEGOSAURIOS** se denomina a veces **«thagomízer»,** un término que los científicos adoptaron de una **TIRA CÓMICA.**

Se han encontrado **HUESOS DE ESTEGOSAURIO** en **5 CONTINENTES,** todos excepto **AUSTRALIA Y LA ANTÁRTIDA.**

Las **PLACAS** de ***STEGOSAURUS*** variaban mucho de tamaño y cada una era **ÚNICA.** Las **MÁS GRANDES** se encontraban sobre sus caderas y podían medir más de **1 m** de alto.

El ***STEGOSAURUS*** tenía entre **17 Y 22 PLACAS** llamadas **«ESCUDOS»**, formadas por un **MATERIAL ÓSEO DELICADO** que les sobresalían como un **CUERNO.**

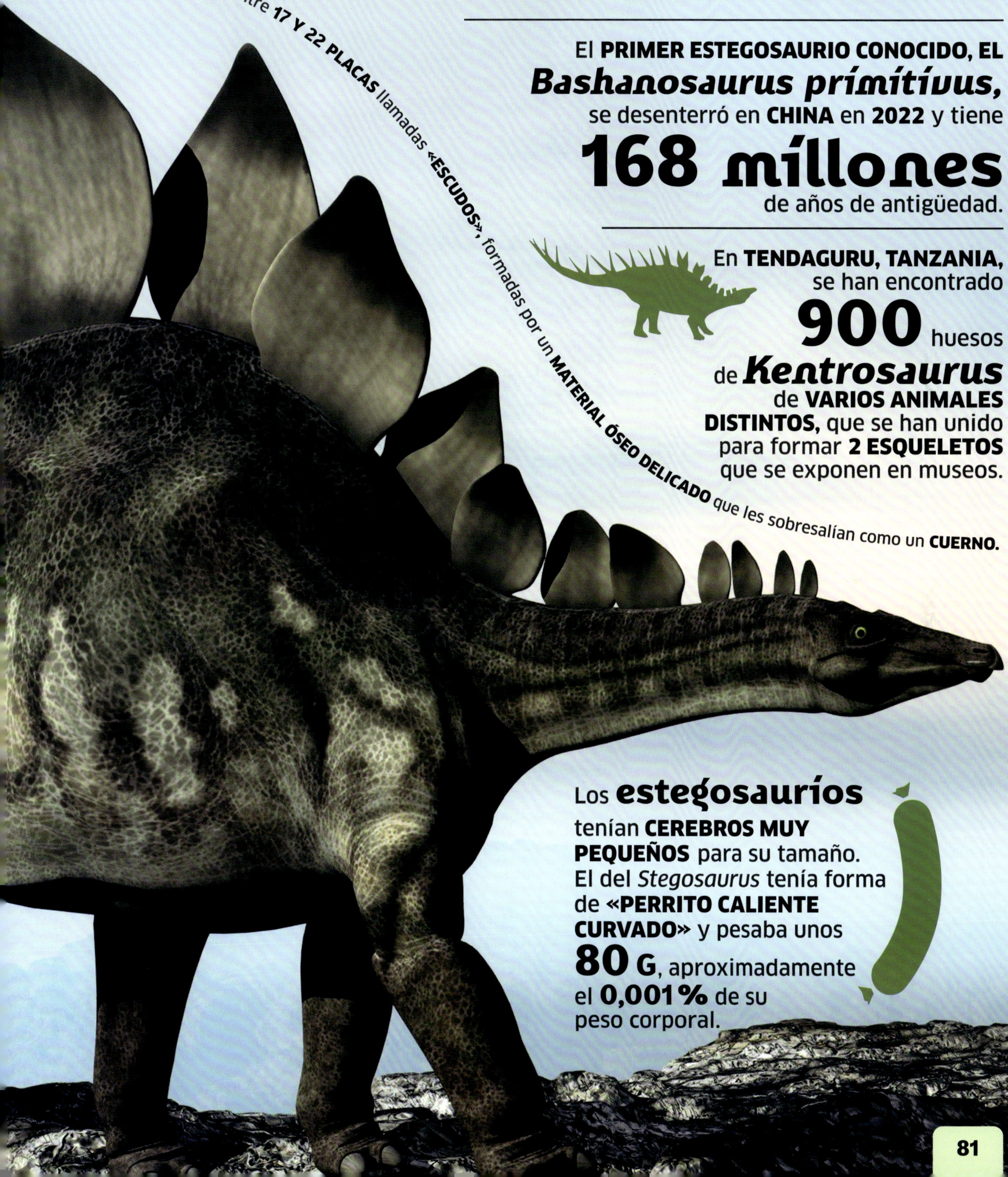

El **PRIMER ESTEGOSAURIO CONOCIDO, EL *Bashanosaurus primitivus*,** se desenterró en **CHINA** en **2022** y tiene **168 millones** de años de antigüedad.

En **TENDAGURU, TANZANIA,** se han encontrado **900** huesos de ***Kentrosaurus*** de **VARIOS ANIMALES DISTINTOS,** que se han unido para formar **2 ESQUELETOS** que se exponen en museos.

Los **estegosaurios** tenían **CEREBROS MUY PEQUEÑOS** para su tamaño. El del *Stegosaurus* tenía forma de **«PERRITO CALIENTE CURVADO»** y pesaba unos **80 G**, aproximadamente el **0,001%** de su peso corporal.

CAMARASÁURIDOS

QUE PISAN FUERTE

Los camarasáuridos eran saurópodos que vivieron principalmente en América del Norte. En comparación con algunos gigantes como el *Diplodocus* y el *Titanosaurus*, estos herbívoros cuadrúpedos del Jurásico eran relativamente pequeños, con cuellos y patas más cortos y cabezas y vientres más grandes.

El ***Camarasaurus*** **SUSTITUÍA SUS DIENTES** cada

62 **DÍAS** más o menos.

Una **COLA** de ***CAMARASAURUS*** constaba de **53** **VÉRTEBRAS.**

Se **PINTÓ** una **RECONSTRUCCIÓN ESQUELÉTICA** del ***Camarasaurus*** **A TAMAÑO NATURAL** en un lienzo de **16 m** de largo.

El ***CAMARASAURUS*** llegaba a la adultez a los **20 años** y vivía hasta los **35.**

Los **prímeros** **FÓSILES DE *CAMARASAURUS* QUE SE DESCUBRIERON** fueron una colección de huesos sueltos de unos **6** **ejemplares.**

El **LARGO CUELLO** del ***CAMARASAURUS*** contaba con **12** **vértebras** en comparación con las **7** de casi todos los **MAMÍFEROS,** **incluidos los humanos.**

Solo se han encontrado **5 CUELLOS** de ***CAMARASAURUS*** casi completos o completos.

Uno de los **ESQUELETOS DE SAURÓPODO MÁS COMPLETOS** que se ha recuperado es el ejemplar **CM 11338,** un joven ***C. lentus*** desenterrado en **UTAH, EE. UU.**, en **1909.**

El ***Camarasaurus*** tenía un **CRÁNEO ROMO** con **DIENTES EN FORMA DE CINCEL** de hasta **11,7 cm** de largo.

Bautizado en **1877**, el ***CAMARASAURUS*** fue uno de los **56** dinosaurios descubiertos por **EDWARD DRINKER COPE** durante la **«Guerra de los Huesos»**, una **CARRERA PARA RECOGER FÓSILES** en los **EE. UU.**

Los **FÓSILES** de ***CAMARASAURUS*** son bastante comunes: solo en el **OESTE DE LOS ESTADOS UNIDOS** se han descubierto más de **530 ejemplares** en **100** localizaciones distintas.

Existen **4 POSIBLES ESPECIES** de *Camarasaurus*, todas ellas del Jurásico superior. La más antigua, el ***C. GRANDIS,*** vivió más de **150 MILLONES DE AÑOS.**

El **CAMARASÁURIDO** más grande, el ***C. supremus,*** llegó a pesar **47 TONELADAS,** casi lo mismo que **2 PIEDRAS** de **STONEHENGE.**

El **CAMARASAURUS** era un **SAURÓPODO** de tamaño medio que medía hasta **20 m** de longitud.

ICTIOSAURIOS
INCREÍBLES

Este reptil marino de cuatro aletas vivió desde el Triásico hasta el Cretácico, y sus fósiles se han encontrado en los siete continentes. Evolucionaron a partir de reptiles terrestres y tuvieron crías vivas. Los ictiosaurios tenían un cuerpo aerodinámico parecido al de un delfín y un pico lleno de dientes afilados para cazar a sus presas.

EL TAMAÑO DE LOS ICTIOSAURIOS OSCILABA de **1,5 m** a más de **25 m.**

LAS ALETAS DELANTERAS DEL ictiosaurio contenían cinco **DEDOS**, algunos con hasta **30 HUESOS.**

El ***STENOPTERYGIUS*** podía **NADAR** a velocidades de hasta **62 KM/H.**

Se han encontrado **FÓSILES DE ICTIOSAURIOS** en rocas con **250–90 MILLONES DE AÑOS DE ANTIGÜEDAD. SE CONOCEN** más de **100 ESPECIES.**

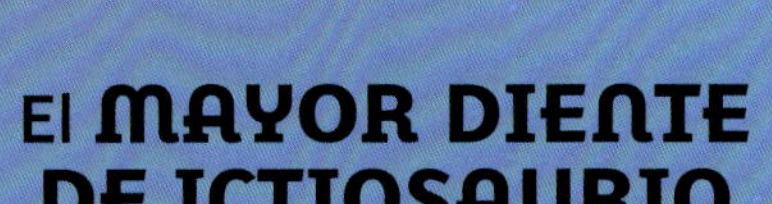

El **MAYOR DIENTE DE ICTIOSAURIO** se descubrió en **2022.** La **MANDÍBULA INCOMPLETA** mide **10 CM** de largo, con una raíz **2 veces más ancha** que cualquier hallazgo anterior.

Para ver en las oscuras profundidades del océano, el ***Temnodontosaurus*** tenía ojos de **30 cm** de diámetro, **MÁS GRANDES QUE UNA PELOTA DE BALONCESTO** y los **MAYORES DE CUALQUIER VERTEBRADO.**

El **FÓSIL DE ICTIOSAURIO MÁS PEQUEÑO** de ***I. communis*** es de un recién nacido. Medía solo

70 cm

de largo, pero tenía los restos de una **CENA DE CALAMAR** en el estómago.

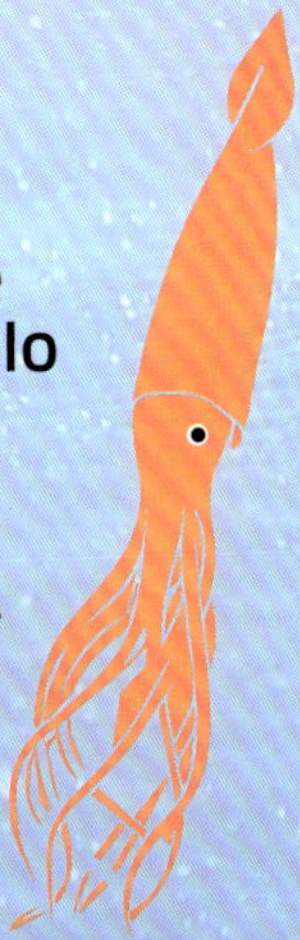

Los **primeros FÓSILES CONOCIDOS** procedentes de un **ICTIOSAURIO** quedaron registrados en una ilustración científica dibujada en **GALES, REINO UNIDO**, en

1699.

Un fósil de ictiosaurio hallado en **CHINA** en **2010** muestra que los **ICTIOSAURIOS COMÍAN OTROS GRANDES REPTILES MARINOS**: ¡su **ESTÓMAGO** de

4,9 m

DE LARGO tenía en su interior un **TALATOSAURIO** de

4 m

DE LONGITUD!

El **FÓSIL DE ICTIOSAURIO** probablemente **MÁS ANTIGUO** tiene unos **250 millones DE AÑOS DE ANTIGÜEDAD.** El **EJEMPLAR, SIN NOMBRE,** se encontró en **SVALBARD, NORUEGA**, en **2023.**

El diminuto ***Cartorhynchus lenticarpus***, de **0,4 m** de longitud, era un **ICTIOSAURIO PRIMITIVO PARECIDO A UNA FOCA** que vivía tanto en el **MAR** como en la **TIERRA.**

Un fósil de ictiosaurio, que data de hace **160 MILLONES DE AÑOS**, contiene lo que algunos expertos sostienen que es la **MUESTRA MÁS ANTIGUA CONOCIDA DE VÓMITO.** El ejemplar estaba lleno de conchas de **BELEMNITES** (unos moluscos parecidos a los calamares).

Se calcula que el ***KRONOSAURUS*** tenía una **FUERZA DE MORDEDURA** de

30 000 newtons, **EL DOBLE** que un **COCODRILO MARINO.**

Los **PLESIOSAURIOS** medían entre **2** y **17 m** de **LONGITUD.**

Un esqueleto de ***KRONOSAURUS*** descubierto en **AUSTRALIA** en **1932** se reconstruyó en la **UNIVERSIDAD DE HARVARD** con al menos

7 VÉRTEBRAS DE MÁS.

En **2023,** se descubrió **UN ENORME CRÁNEO DE PLIOSAURIO** del Jurásico superior a **11 m** de altura en un acantilado inglés. Medía **1,7 m** de largo y tenía **130 dientes** y una mordedura capaz de atravesar un coche.

Se han desenterrado **RESTOS FÓSILES DE PLESIOSAURIO** en los

7 continentes.

Las **MARCAS DE MORDEDURAS** encontradas en el **CRÁNEO** de un ***EROMANGASAURUS*** son probablemente de **OTRO PLESIOSAURIO,** que tenía **DIENTES** de hasta **30 cm** de largo.

PLESIOSAURIOS
ESPECTACULARES

Estos depredadores de cuatro aletas, que dominaron los mares desde el Triásico superior hasta el Cretácico, se conocen como «dragones de mar». Los plesiosaurios tenían cuellos largos como serpientes y cabezas más pequeñas, mientras que los pliosaurios, estrechamente emparentados con ellos, tenían cuellos cortos y mandíbulas parecidas a las de los cocodrilos.

El **CUELLO** del ***ALBERTONECTES VANDERVELDEI*** era **TAN LARGO** que representaba el **63 %** de su **LONGITUD TOTAL.**

Las **MAYORES VÉRTEBRAS FÓSILES CONOCIDAS** de un **pliosaurio** miden unos **27 cm** de ancho, como un **PLATO DE COMIDA.**

El ***Albertonectes vanderveldei*** tenía **76 VÉRTEBRAS EN EL CUELLO**, el **MAYOR** récord de **CUALQUIER ANIMAL DE LA HISTORIA.**

Los **PLESIOSAURIOS** tenían **4 ALETAS.** Las **DOS TRASERAS** los ayudaban a **NADAR CON MAYOR RAPIDEZ** al crear un **60 % MÁS DE IMPULSO** en el agua.

Algunos plesiosaurios estaban adaptados para alimentarse y **VIVIR EN AGUA DULCE.** Recientemente, se encontraron miembros de la **FAMILIA LEPTOCLEIDIDAE** en un **SISTEMA FLUVIAL DE 100 MILLONES DE AÑOS** en **MARRUECOS.**

UN FÓSIL *POLYCOTYLUS LATIPPINUS* EN ESTADO –que se encontró en **KANSAS, EE. UU.**, con un **FETO** de **1,5 m** de largo– indica que los plesiosaurios **DABAN A LUZ** a **CRÍAS VIVAS,** como los mamíferos.

LOS MONSTRUOS MARINOS DE MARY ANNING

Mary Anning, nacida en 1799, fue una de las primeras y más grandes cazadoras de fósiles y paleontólogas, y se dedicó a recoger ejemplares de antiguas criaturas que antaño nadaban en los cálidos mares jurásicos de los acantilados costeros que rodeaban su casa de Lyme Regis (Inglaterra). Sus hallazgos incluyen algunas primicias históricas.

Con su largo cuello y sus **4 ALETAS**, el ***Plesíosaurus***, el **«DRAGÓN MARINO»** de Mary, tenía un aspecto tan absurdo que algunos científicos **CREYERON QUE ERA UNA BROMA.**

Mary **EXCAVÓ Y PREPARÓ** el primer ejemplar del **TIBURÓN FANTASMA** ***Squaloraja*** en **2 PIEZAS,** que vendió por separado. Solo la cola sobrevivió a los **BOMBARDEOS DE LA SEGUNDA GUERRA MUNDIAL.**

En **2015,** el experto que ayudó a elaborar este libro, el Dr. Dean Lomax, le puso también el nombre de ***ICHTHYOSAURUS ANNINGAE*, EN HONOR A MARY,** la cual encontró **1** de los ejemplares utilizados para identificarlo.

LYME REGIS forma parte de la **Costa Jurásica,** un tramo de **150 km** de **LITORAL REPLETO DE FÓSILES,** con ejemplares que abarcan **185 millones de años** de historia de la Tierra.

En **1828,** Mary descubrió un **«DRAGÓN VOLADOR»,** los primeros restos de **pterodáctilo** hallados fuera de **ALEMANIA.**

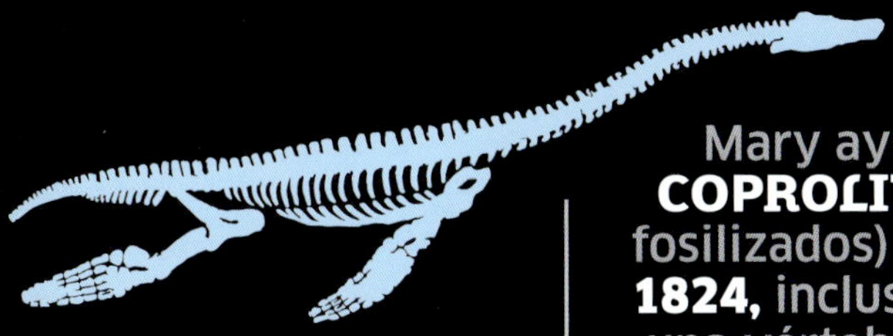

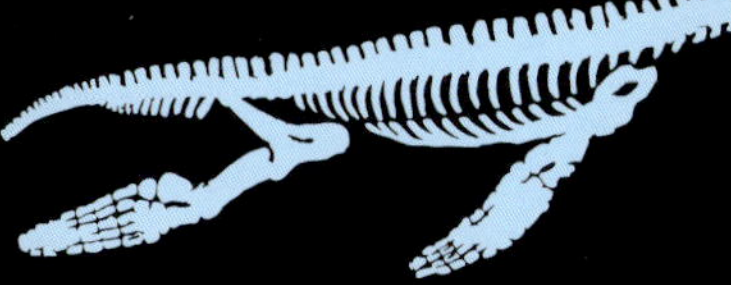

El **PRIMER**
esqueleto de plesiosaurio
COMPLETO
lo descubrió Mary en
1823.

Mary ayudó a identificar **COPROLITOS** (excrementos fosilizados) por primera vez en **1824**, incluso uno que contenía una vértebra de **ICTIOSAURIO** de **2,5 cm**.

Solo existe **1 especie** de ***PLESIOSAURUS***, el ***P. DOLICHODEIRUS***, que se basa en el **ESQUELETO FÓSIL** de **3,5 m** que encontró Mary.

Mary solo tenía **12 AÑOS** cuando ella y su hermano Joseph encontraron el **primer ictiosaurio de la historia** que se estudiaría científicamente.

Este **CRÁNEO DE ICTIOSAURIO**, el primero que desenterró Mary, mide más de **1 m** de largo.

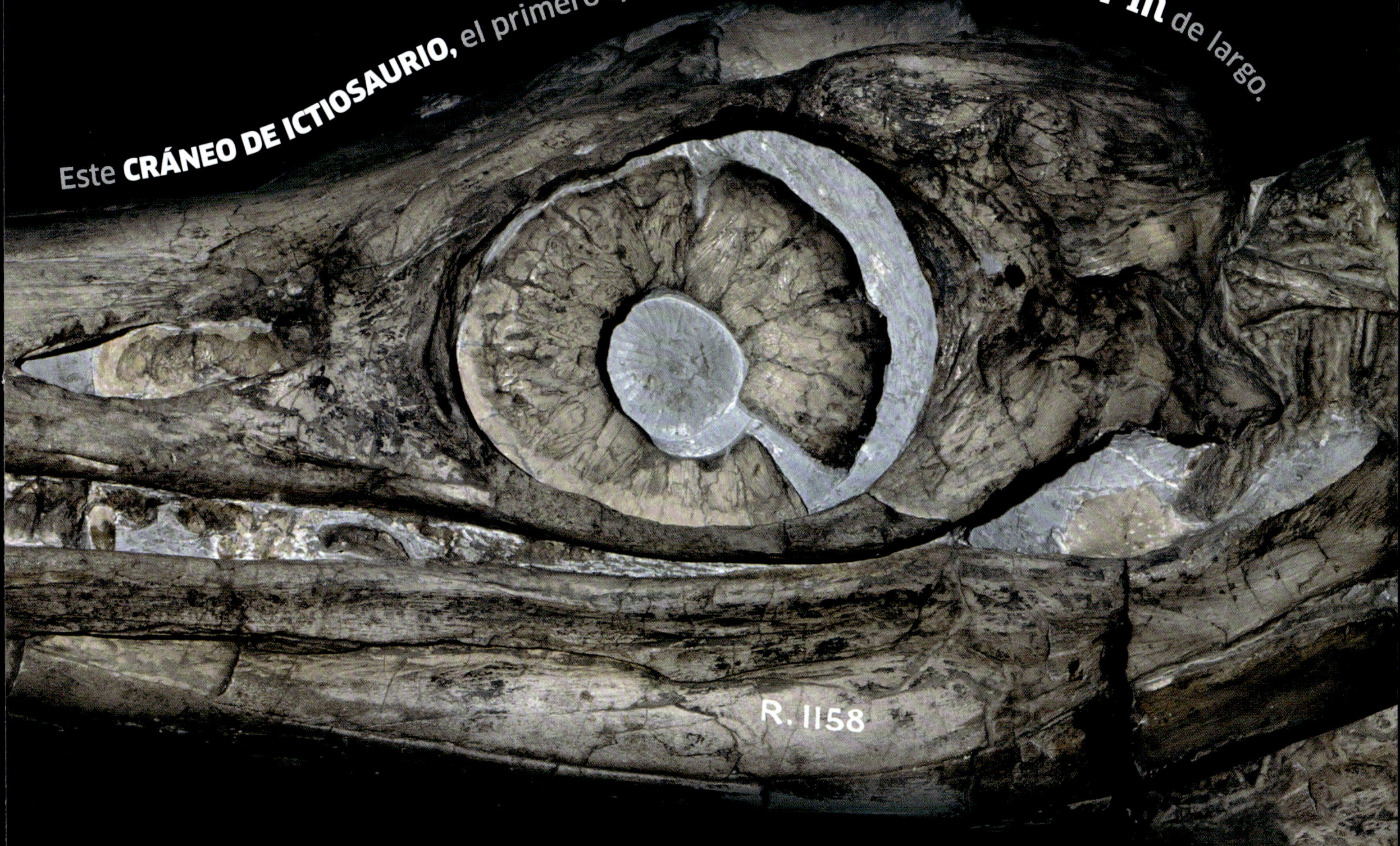

R. 1158

HACE 200 MILLONES DE AÑOS, un mar inundó el centro del **supercontinente Pangea.** Prueba de ello son los acantilados de pizarra y caliza de Lyme Regis.

Mary se ganaba la vida vendiendo sus ejemplares. El **PRECIO MÁS ALTO** que obtuvo por uno fue de **200 GUINEAS** (unos 22 200 euros actuales) por un ***PLESIOSAURUS MACROCEPHALUS***, que ahora se cree que es un plesiosaurio joven, en **1830**.

UNOS CIENTÍFICOS han **IDENTIFICADO** más de

150 especies

de pterosaurios, desde el ***EUDIMORPHODON*,**
DEL TAMAÑO DE UN CUERVO, al ***QUETZALCOATLUS NORTHROPI*,**
DEL TAMAÑO DE UN PLANEADOR.

Los **PTEROSAURIOS** fueron **LOS PRIMEROS VERTEBRADOS** (animales con columna vertebral) que **EVOLUCIONARON** hasta convertirse en **CRIATURAS VOLADORAS.** El ***Eudímorphodon*** se lanzó al aire hace más de

219 MILLONES DE AÑOS.

El **MAYOR PTEROSAURIO, EL *QUETZALCOATLUS NORTHROPI*,** pesaba menos de

250 KG

debido a sus

HUESOS HUECOS.

Las **CRESTAS** de los **PTEROSAURIOS** tenían muchas formas y tamaños. El ***NYCTOSAURUS*** tenía una **CRESTA DE DOBLE PUNTA DE 55 cm** de alto, pero la altura de su **CUERPO** era de solo **37 cm.**

Los estudios de **HUELLAS** muestran que los pterosaurios **CAMINABAN SOBRE SUS 4 EXTREMIDADES,** con las alas **PLEGADAS HACIA ATRÁS.**

El ***EUDIMORPHODON*** tenía

110 DIENTES AFILADOS

en una **MANDÍBULA CORTA** como un **DEDO HUMANO.**

PTEROSAURIOS
TERRORÍFICOS

Estos reptiles voladores sobrevolaban las aguas y las costas de todo el mundo en la época de los dinosaurios, desde el Triásico superior hasta el Cretácico superior. La mayoría se alimentaba de peces, que recogía de ríos y mares. Los pterosaurios del interior también cazaban insectos y reptiles.

Un **NIDO DE PTEROSAURIO** fosilizado de **120 MILLONES DE AÑOS** que se encontró en **CHINA** contenía más de

300 HUEVOS.

El ***DIMORPHODON*** tenía un **CRÁNEO** de unos **25 cm** de longitud, casi **1/3** de la **LONGITUD TOTAL DE SU CUERPO.**

Se cree que el **PTEROSAURIO MÁS PEQUEÑO QUE SE CONOCE** es el ***NEMICOLOPTERUS CRYPTICUS*** de China. **PESABA** unos

40 G,

lo mismo que un **GORRIÓN.**

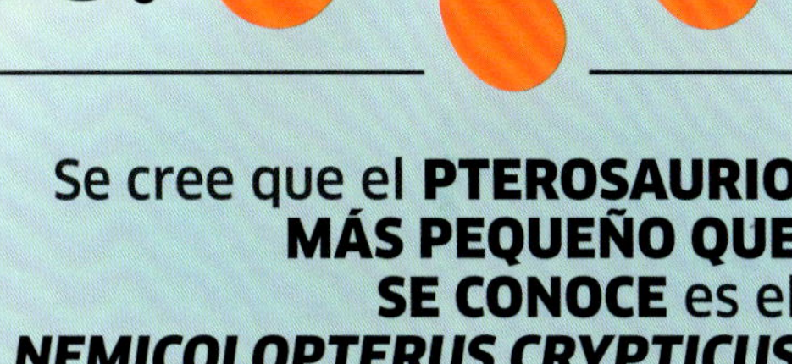

Los pterosaurios como el *Pteranodon* tenían un **CUARTO DEDO** superlargo que les recorría las alas.

El ***Pterodactylus antiquus*** fue el **PRIMER PTEROSAURIO** que se descubrió. Sin embargo, cuando el naturalista italiano **COSIMO ALESSANDRO COLLINI** encontró su **FÓSIL** en **1784,** creyó que **NADABA** en lugar de volar.

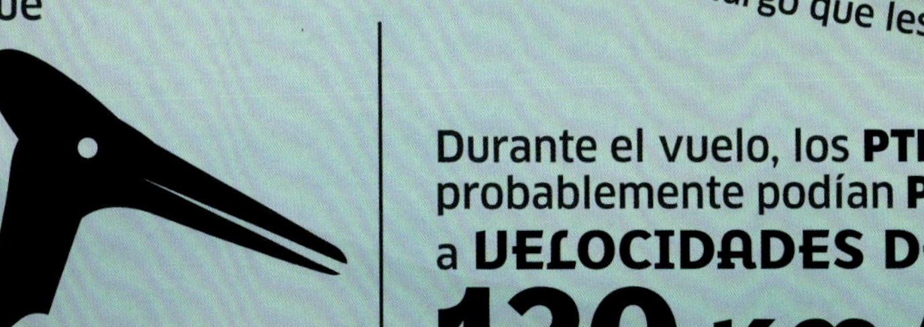

Durante el vuelo, los **PTEROSAURIOS** probablemente podían **PLANEAR** a **VELOCIDADES DE MÁS DE**

120 KM/H.

DIPLODÓCIDOS

DE GRAN ALTURA

Dinosaurios como el *Diplodocus*, el *Apatosaurus* y el *Barosaurus* eran todos diplodócidos, saurópodos gigantes cuadrúpedos y herbívoros del Jurásico superior. Tenían el cuello largo y la cola en forma de látigo. Sus patas traseras eran más largas que las delanteras, lo que les permitía levantarse para alimentarse de ramas altas.

Los **DIPLODÓCIDOS DESAPARECIERON** en el **CRETÁCICO INFERIOR,** hace unos **136 millones de años.**

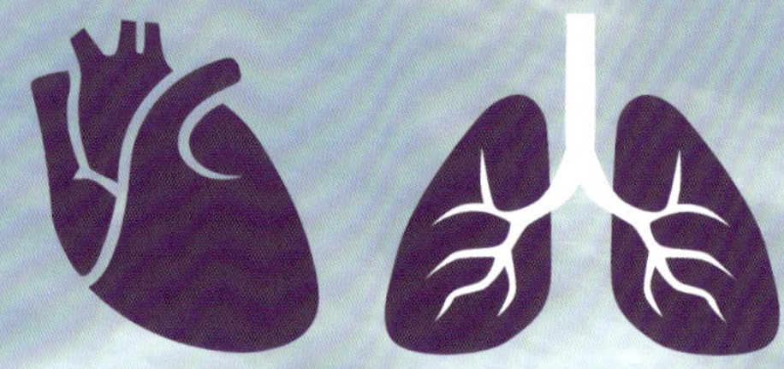

El **CORAZÓN** de **APATOSAURUS** tenía **CAPACIDAD** para **500 litros** de **SANGRE.** Sus **PULMONES** podían contener **900 LITROS** de **AIRE.**

Los **diplodócidos** tenían unos **40 DIENTES EN FORMA DE GANCHO,** que utilizaban para **ARRANCAR LAS HOJAS** de los árboles.

Los fósiles de ***Diplodocus*** **SE DESCUBRIERON POR PRIMERA VEZ** en **1877.**

Dippy, el **FAMOSO** esqueleto de ***DIPLODOCUS*** donado al **MUSEO DE HISTORIA NATURAL** de Londres en **1905,** es uno de los **11 moldes** de **ESQUELETO ORIGINAL** expuestos en todo el mundo.

Con **25 m** de longitud, el **DIPLODOCUS** es el **DINOSAURIO MÁS LARGO CONOCIDO A PARTIR DE UN ESQUELETO COMPLETO.**

Un **CUELLO** de ***DIPLODOCUS*** contenía

15 VÉRTEBRAS,

mientras que la **COLA TENÍA 80.** Es posible que **UTILIZARA** la cola **COMO UN LÁTIGO** para **DEFENDERSE.**

A pesar de su enorme tamaño, EL ***DIPLODOCUS*** TENÍA un **CEREBRO DIMINUTO,**

150 000 VECES MENOR que su **PESO CORPORAL. PESABA** unos

114 G, más de **12 VECES MENOS** que el peso del **CEREBRO DE UN HUMANO ADULTO.**

Con sus

9 m DE LONGITUD, el **cuello** del ***Barosaurus*** era **3 VECES** más largo que el de una **JIRAFA ADULTA.**

El ***DIPLODOCUS,*** de **RÁPIDO CRECIMIENTO,** solo tardó unos **10 años** en alcanzar la **EDAD ADULTA** y pudo haber **VIVIDO** hasta **100 años.**

Un ***Apatosaurus*** **ADULTO PESABA** hasta

20 toneladas, TANTO como

10 hipopótamos.

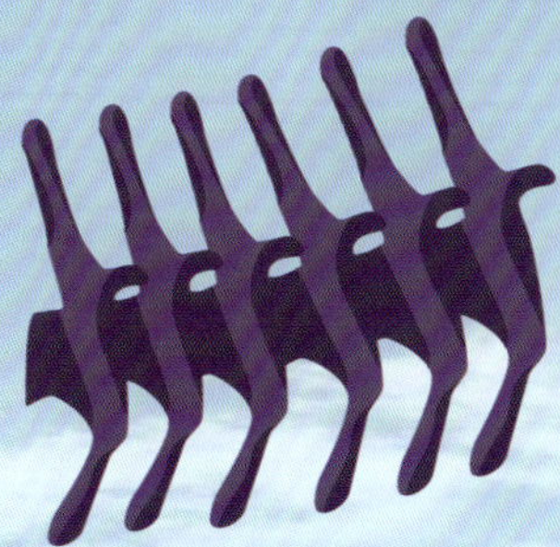

El nombre de **«*Diplodocus*»** proviene de **2 PALABRAS GRIEGAS,**

«DIPLOS» y **«DOKOS»,**

que significan **«DOBLE VIGA»,** en alusión a los huesos de su cola **EN FORMA DE FLECHA.**

Se cree que los **DIPLODÓCIDOS** viajaban en **MANADAS** como el **GANADO**, en grupos de hasta

30 individuos.

Los **ALOSAURIOS** dieron lugar a los **PRIMEROS «TAXONES GIGANTES»** de **DINOSAURIOS TERÓPODOS**, que eran grupos de especies que pesaban como mínimo **2 TONELADAS**.

Con hasta **10 m** de largo, el ***Allosaurus fragilis*** era uno de los **MAYORES CARNÍVOROS** terrestres del **JURÁSICO SUPERIOR.**

El **«GRAN AL»**, un **ESQUELETO** de ***A. FRAGILIS*** **COMPLETO** en un **95 %**, tenía **19 huesos LESIONADOS** e **INFECTADOS**, lo que indica que estos depredadores tenían **VIDAS CORTAS Y DURAS.**

El ***Allosaurus*** tenía **GARRAS** de **15-20 cm** en sus **manos de tres dedos.**

Un probable **nido** de **alosaurio** en **PORTUGAL** contenía **100 huevos** con **GRANDES POROS** en sus cáscaras, lo que sugiere que estaban **ENTERRADOS BAJO TIERRA** como los de los **COCODRILOS.**

Solo los **MEJORES ATLETAS** han corrido **100 m** **EN MENOS DE 10 SEGUNDOS**, lo bastante rápido para vencer a un ***ALLOSAURUS***, que lo habría hecho en menos de **11 segundos.**

El ***A. jimmadseni***, la **PRIMERA ESPECIE DE *ALLOSAURUS***, vivió hace **157-152 millones de años.**

ALOSAURIOS

AGRESIVOS

Durante unos 10 millones de años, en el Jurásico superior, el terópodo *Allosaurus*, de largas patas y tres dedos, fue un depredador común y letal. A diferencia de los tiranosaurios posteriores, sus brazos eran largos y lo bastante fuertes para sujetar a sus presas, a las que perseguía o emboscaba.

El **CRÁNEO** del **Allosaurus** era pequeño y ligero y tenía **2 CUERNOS CORTOS** con **CRESTAS** que le iban de los **OJOS A LAS FOSAS NASALES.**

Los parientes **ALOSAUROIDES** del ***ALLOSAURUS*** se encontraron entre los **MAYORES DEPREDADORES** de la Tierra durante **85 millones de años.**

El **Allosaurus** tenía **DIENTES COMO CUCHILLOS,** de **5-10 cm** de largo, que **CURVABA HACIA ATRÁS,** y eran perfectos para **SUJETAR Y REBANAR A SUS PRESAS.**

El **PRIMER** ejemplar de ***A. jimmadseni*** se encontró en **1990.** Los huesos eran **RADIOACTIVOS,** por lo que el **CRÁNEO QUE FALTABA** se localizó **6 años** más tarde con un **DETECTOR DE RADIACIÓN.**

Una **marca de mordedura** de **5,7 cm** en una **PLACA DEL CUELLO** de un ***STEGOSAURUS*** indica que **LO CAZÓ** un ***ALLOSAURUS,*** mientras que un **AGUJERO** de **4 cm** de ancho en una **VÉRTEBRA** de ***ALLOSAURUS*** indica que fue **ATACADO** con una **PÚA** de ***STEGOSAURUS.***

El emblemático

ARCHAEOPTERYX

¿Es un pájaro? ¿Es un dinosaurio? El *Archaeopteryx* ha recibido ambos nombres. Tras el descubrimiento, en el siglo XIX, del primer esqueleto —uno de los fósiles más famosos de todos los tiempos— muchos expertos lo describieron como un ave antigua. En la actualidad, se sigue debatiendo si se trata de la primera ave verdadera o de un pariente parecido a un ave que podía volar o planear.

En **1861,** se encontró el **PRIMER ESQUELETO DE *ARCHAEOPTERYX***, con **IMPRESIONANTES PLUMAS** visibles en la **COLA Y LAS ALAS.**

Las **CRÍAS** de ***Archaeopteryx*** tardaban casi **3 AÑOS EN ALCANZAR** la adultez, como mínimo **3 VECES** más que las **AVES MODERNAS** del **MISMO TAMAÑO.**

La tecnología moderna ha revelado el **COLOR DE 1** pluma de ***ARCHAEOPTERYX***: era **negra azabache,** pero **SE DESCONOCE** si el animal tenía **TODO EL CUERPO DEL MISMO COLOR.**

A diferencia de las aves modernas, el ***Archaeopteryx*** tenía la boca llena de **50 DIENTES EN FORMA DE CONO,** ideales para **MASTICAR PEQUEÑAS PRESAS,** como lagartos e insectos.

El ***Wellnhofería*** puede ser un tipo de ***ARCHAEOPTERYX***, con una **COLA** y un **CUARTO DEDO** más cortos que en otras especies.

Se ha datado un fósil de **Archaeopteryx líthographíca** con una antigüedad de **153 míllones de años.** Algunos científicos afirman que se trata de la **PRIMERA AVE VOLADORA.**

El ***ARCHAEOPTERYX*** tenía **2 alas con plumas COMO UN PÁJARO** y **1 cola larga y huesuda COMO UN DINOSAURIO.** Ningún animal vivo combina estas **2 característícas.**

Los **3 DEDOS CON GARRAS** de cada **ALA** del *Archaeopteryx* se utilizaban probablemente para **TREPAR POR LOS ÁRBOLES** y **AGARRARSE A LAS RAMAS.**

El **ARCHAEOPTERYX,** que pesaba alrededor de **1 KG,** probablemente era capaz de **VOLAR DISTANCIAS CORTAS** para **ELUDIR A LOS DEPREDADORES.**

Para celebrar el **150.º ANIVERSARIO** del hallazgo del **PRIMER FÓSIL** de ***ARCHAEOPTERYX***, en **2011**, en **ALEMANIA,** se acuñó una **moneda especíal de 10 euros.**

Se han encontrado un total de **12** ejemplares de **Archaeopteryx, TODOS ELLOS** en **SOLNHOFEN, ALEMANIA,** o en sus alrededores.

El ***ARCHAEOPTERYX*** tenía **1 GARRA ELEVADA** en el **segundo DEDO** de cada pie. Conocidas como **«garras asesínas»,** las podía utilizar para arremeter contra un **ATACANTE.**

El **ARCHAEOPTERYX** medía **50 cm** de largo, más o menos lo mismo que una **PALOMA.**

El ***BRACHIOSAURUS*** necesitaba un **GRAN ESTÓMAGO** para digerir unos **400 KG** de hojas cada día, el equivalente a unas

480 coles.

Para **BOMBEAR LA SANGRE** por su cuello de

8,5 m

de largo hasta la cabeza, un ***Brachiosaurus*** habría necesitado un **CORAZÓN POTENTE,** que quizás pesara

400 KG,

como un **PIANO DE COLA.**

El ***BRACHIOSAURUS*** tenía

26 dientes

agrupados en la parte delantera de las **MANDÍBULAS SUPERIOR E INFERIOR** para arrancar la vegetación.

El nombre de ***«Brachiosaurus»***, que significa **«lagarto con brazos»**, se debe a que sus **PATAS DELANTERAS** eran

60 cm

MÁS LARGAS QUE LAS TRASERAS.

Los **GASTROLITOS** son piedras que ayudan a los animales a digerir **MATERIA VEGETAL DURA.** Se encontró un ejemplar de ***Cedarosaurus*** con **115 gastrolitos** en el **ESTÓMAGO** que pesaban **7 KG.**

La mayoría de las vértebras del cuello de un ***BRACHIOSAURUS*** medían **1 m** de largo,

30 veces

más que un **HUESO DEL CUELLO HUMANO.**

El **ESQUELETO DE DINOSAURIO MONTADO MÁS ALTO** del mundo expuesto es un ***GIRAFFATITAN*** de

13,3 m

de Tanzania.

BRAQUIOSAURIOS

BRILLANTES

Estos herbívoros de cuello largo recorrían gran parte del planeta en el Jurásico superior, cortando las plantas con sus gruesos dientes en forma de cincel. Los braquiosáuridos, como el *Brachiosaurus* y el *Giraffatitan*, tenían largas patas delanteras y, a diferencia de la mayoría de los saurópodos, podían mantener la cabeza y el cuello erguidos.

El ***LUSOTITAN*** de Portugal, **DE 150 MILLONES DE AÑOS DE ANTIGÜEDAD,** recibió originalmente el nombre de ***BRACHIOSAURUS ATALAIENSIS*** en **1957,** antes de designarse como **GÉNERO PROPIO** **46 años** más tarde.

El ***Europasaurus,*** un **BRAQUIOSÁURIDO DEL TAMAÑO DE UNA VACA** que vivía aislado en una isla, evolucionó hasta ser **RELATIVAMENTE PEQUEÑO.** Con **6,2 m**, medía **1/4** de la longitud del ***BRACHIOSAURUS.***

Una tomografía computarizada de una **MANDÍBULA** de ***Giraffatitan*** reveló **2 DIENTES DE RECAMBIO** detrás de cada diente en uso, lo que sugiere que podrían haberse **REEMPLAZADO** cada **64 días.**

A diferencia de la mayoría de los demás saurópodos, se cree que el Brachiosaurus mantenía la cabeza a **45 GRADOS,** como una **JIRAFA.**

Un hueso del muslo de un ***Brachiosaurus*** adulto era tan alto como un **ADULTO HUMANO**, alrededor de **1,8 m.**

TOP 5
LOS DINOSAURIOS MÁS PEQUEÑOS

No todos los dinosaurios eran gigantes. Aunque el dinosaurio más pequeño de la historia es técnicamente el colibrí zunzuncito actual, en la era mesozoica de los dinosaurios también existieron algunas especies bastante pequeñas.

1

ANCHIORNIS HUXLEYI

Jurásico superior • **SHANDONG, CHINA** • Peso: **110 G**

Con solo 60 cm de longitud, el diminuto terópodo *Anchiornis* estaba cubierto de plumas, desde la cresta de la cabeza hasta las plumas de los pies. Cientos de fósiles bien conservados de hace 160 millones de años han puesto al descubierto con gran detalle a este «casi pájaro».

2

MAHAKALA OMNOGOVAE

Cretácico superior • **ÖMNÖGOVI, MONGOLIA**

Peso: **700 G**

En el desierto de Gobi se ha hallado un esqueleto parcial de esta pequeña especie de 75 millones de años de antigüedad que debe su nombre a una deidad protectora budista. *Mahakala*, un dromeosáurido de 70 cm de longitud, se considera una prueba de cómo los dinosaurios se hicieron más pequeños a medida que evolucionaban hasta convertirse en aves voladoras.

3

MICRORAPTOR GUI

Cretácico inferior • **LIAONING, CHINA**

Peso: **1 KG**

Los sorprendentes fósiles de este dinosaurio dromeosáurido del tamaño de un cuervo, que datan de hace 120 millones de años, indican que tenía plumas negras iridiscentes similares a las de una urraca. Con solo 77 cm de longitud, el *Microraptor* no tenía dos alas, ¡sino cuatro!

4

AQUILOPS AMERICANUS

Cretácico inferior • **MONTANA, EE. UU.**

Peso: **1,5 KG**

Con una longitud estimada de 60 cm, este antepasado primitivo del *Triceratops* era hasta 6000 veces más pequeño que su enorme pariente. Esta especie del tamaño de un conejo, llamada «cara de águila» por su cráneo con pico, se halló en rocas de hace 106 millones de años.

5

MICROPACHYCEPHALOSAURUS HONGTUYANENSIS

Cretácico superior • **SHANDONG, CHINA** • Peso: **1,5 KG**

Este ceratopsio puede presumir de tener el nombre más largo de todos los dinosaurios, pero era realmente diminuto, con una longitud aproximada de 60 cm. Desenterrado en 1972 en China, este raro espécimen puede ser un ejemplar joven de un dinosaurio con cabeza en forma de cúpula de mayor tamaño.

Superhallazgos

LAS PLUMAS DE LIAONING

Durante más de 160 años, los científicos han especulado sobre el parentesco entre los dinosaurios y las aves. En los últimos 30 años, los descubrimientos de plumas fosilizadas de la provincia de Liaoning, en el noreste de China, les han permitido confirmar la conexión con exquisitos y coloridos detalles. También muestran cómo evolucionaron las plumas para ayudar a los dinosaurios a emprender el vuelo.

Las **primeras plumas de dinosaurio,** como las del suave **PELAJE** de **3 mm** del ***SINOSAUROPTERYX,*** servían como **AISLAMIENTO.**

MUCHAS PLUMAS DE LIAONING proceden de la **biota de Jehol,** un **ECOSISTEMA DEL CRETÁCICO INFERIOR** meticulosamente preservado bajo la **CENIZA VOLCÁNICA** de una erupción de hace **130 MILLONES DE AÑOS.**

Descubierto en 2009, el ***ANCHIORNIS*** es el primer dinosaurio con plumas de vuelo. Tenía **4 ALAS.**

El ***ANCHIORNIS***, que data de hace **160 MILLONES DE AÑOS,** era **10 millones de años más antiguo** que el que se consideraba el **«PRIMER PÁJARO», EL *ARCHAEOPTERYX.***

El ***Yutyrannus,*** el **MAYOR ANIMAL CON PLUMAS CONOCIDO,** con **1,4 toneladas,** tenía **PLUMAS AISLANTES POR TODO EL CUERPO.**

Liaoning ha producido **6 TIPOS** de **DINOSAURIOS DROMEOSÁURIDOS CON PLUMAS.** Los **MÁS GRANDES,** el *Tianyuraptor* y el *Zhenyuanlong,* tenían unas **ALAS EXTRAÑAMENTE CORTAS,** apenas la **mitad DE LA LONGITUD DE SUS PATAS.**

Un ejemplar muy detallado de una de las primeras aves desdentadas conocidas, el ***Confuciusornis***, de **25 cm** de largo, reveló que tenía **MANCHAS** en la **GARGANTA**, las **ALAS** y la **CRESTA** para camuflarse y exhibirse.

El ave iridiscente ***EOCONFUCIUSORNIS*** tenía **2** **PLUMAS EN LA COLA CON FORMA DE SERPENTINA** para atraer a sus parejas.

Los científicos se basaron en más de **100** ejemplares **CON PLUMAS DE *Microraptor*** para desarrollar un **MODELO DE VUELO** que sugiere que podía planear a una velocidad de **10,6 METROS POR SEGUNDO.**

En **2010**, se descubrieron los **primeros MELANOSOMAS FÓSILES** de Liaoning (las estructuras de las plumas que mantienen el color).

El ***SINORNITHOSAURUS*** **TENÍA 3 TIPOS DE PLUMAS:** unas fibras peludas, unas en forma de ramo y unos penachos rígidos y asimétricos **COMO** los de las **AVES MODERNAS.**

El ***DILONG***, el **PRIMER TIRANOSAURIO** con **INDICIOS DE PLUMAS**, tenía filamentos (estructuras similares a pelos) de **2 cm** de largo.

El ***Compsognathus longipes*** –descubierto en Baviera, Alemania, **EN LA DÉCADA DE 1850**– fue el **PRIMER ESQUELETO DE TERÓPODO CASI COMPLETO** desenterrado.

Un ***SINOSAUROPTERYX*** de **130 millones de años** fue el **PRIMER DINOSAURIO** del que se **DESCIFRÓ EL COLOR DE SUS PLUMAS**: marrón rojizo con bandas naranjas y blancas.

En **NUEVA ZELANDA** solo se ha encontrado **1 fósil de dinosaurio del Jurásico:** una **FALANGE** (hueso del dedo) **DE COMPSOGNÁTIDO** de **150 MILLONES DE AÑOS.**

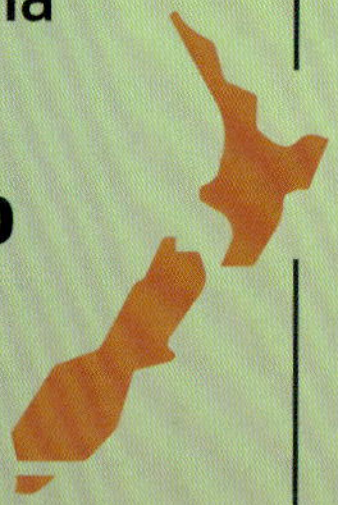

El ***COMPSOGNATHUS*** medía solo **1,3 m** de largo y pesaba unos **2,5 KG**, más o menos como un **POLLO.**

El ***SINOSAUROPTERYX*** podía poner **2 huevos** a la vez, que incubaba hasta que eclosionaban.

El ***SCIPIONYX*** fue el **PRIMER DINOSAURIO DESCUBIERTO EN ITALIA.** Se cree que solo tenía **3 semanas de vida,** el ejemplar medía **50 cm** de largo.

El **MAYOR COMPSOGNÁTIDO** es el ***Sinocalliopteryx,*** que significa **«BELLA PLUMA CHINA»**. Pudo alcanzar los **2,4 m** de largo.

El ***Compsognathus*** tenía **3 DEDOS**, pero el **TERCERO** era mucho más pequeño que los otros 2.

COMPSOGNÁTIDOS

DIMINUTOS

Encontrados en Sudamérica, Europa y Asia, los compsognátidos se cuentan entre los dinosaurios más pequeños, y algunos tenían plumas. Estos pequeños carnívoros del Jurásico y el Cretácico se desplazaban sobre dos patas y cazaban insectos y pequeños lagartos.

El ***Compsognathus*** era un **CARROÑERO** y **CAZADOR** con unos **40** **DIENTES AFILADOS COMO AGUJAS.**

El ***SINOSAUROPTERYX*** **MÁS GRANDE** medía **1 m** desde la **MANDÍBULA HASTA LA PUNTA DE LA COLA** y podría haber **PESADO** solo **1 KG**, lo **MISMO** que una **PIÑA.**

El ***Sinosauropteryx***, un **COMPSOGNÁTIDO DEL CRETÁCICO INFERIOR,** hallado en China en **1996,** fue el **primer fósil** de **DINOSAURIO NO VOLADOR** que mostraba indicios de **PLUMAS.**

El ***SINOSAUROPTERYX*** tenía **64 huesos** en su larguísima **COLA EN FORMA DE LÁTIGO.**

Las **PLUMAS SIMPLES Y ERIZADAS** del ***SINOSAUROPTERYX***, de hasta **4 cm** de longitud, eran **LAS MÁS LARGAS** de su **COLA.**

EL CRETÁCICO

El **CRETÁCICO** tuvo lugar hace entre
145 y 66 millones de años.

Con una duración de
79 MILLONES DE AÑOS,
el Cretácico fue el
tercer,
ÚLTIMO Y MÁS LARGO PERÍODO
de la **ERA MESOZOICA**
de los dinosaurios.

El **YUTYRANNUS**, de **9 M** de largo, fue el **MAYOR DEPREDADOR** de los dinosaurios hallados en la formación de Yixian del Cretácico en China.

LAS TEMPERATURAS DE LA SUPERFICIE DEL MAR durante el
CRETÁCICO
alcanzaron los
26-35 °C.

El nombre **«CRETÁCICO»** proviene del **LATÍN** y significa **«CALIZA»**, ya que durante este período se depositaron capas de roca caliza de hasta
1500 m
de grosor en el **MAR DEL NORTE.**

EL NIVEL DEL MAR era hasta
200 m
MÁS ALTO QUE EN LA ACTUALIDAD.

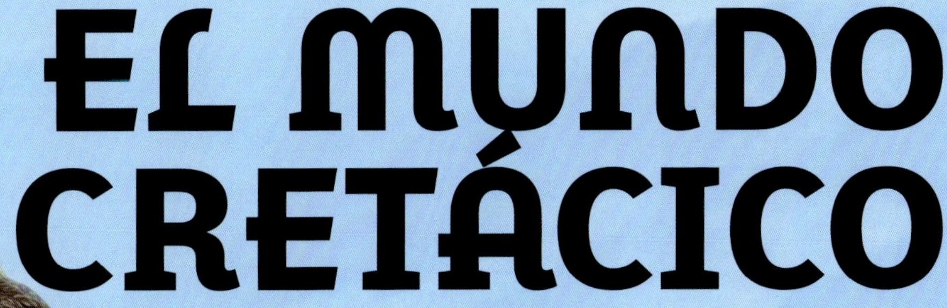

EL MUNDO CRETÁCICO

Durante los 79 millones de años del Cretácico, los continentes que hoy conocemos empezaron a formarse a medida que el océano Atlántico se ensanchaba e inundaba parte de la tierra interior para crear mares cálidos y poco profundos. Los dinosaurios y otros reptiles siguieron siendo las especies dominantes, pero su dominio estaba a punto de llegar a un final prematuro.

Hoy en día, las **PLANTAS DE FLORACIÓN** constituyen alrededor del

90 %

de todas las plantas. **SE EXTENDIERON POR PRIMERA VEZ** durante el **CRETÁCICO** e incluían especies de ***MAGNOLIAS, FICUS*** y ***SASAFRÁS.***

Las **ABEJAS** evolucionaron a partir de las avispas hace **120 millones de años,** cuando **EMPEZARON A POLINIZAR** algunas flores.

Los árboles de hoja ancha, como el **ROBLE,** el **HAYA** y el **ARCE,** empezaron a sustituir a las **CÍCADAS Y CONÍFERAS** en los bosques de hace entre

140 y 100 millones de años.

Los dinosaurios del **HEMISFERIO NORTE** alcanzaron su **MAYOR TAMAÑO** durante el Jurásico, mientras que los del **HEMISFERIO SUR** llegaron a su punto álgido en el **CRETÁCICO,** con **titanosaurios** de hasta

63,5 TONELADAS.

EN LA ANTÁRTIDA SIN HIELO vivía el ***Vegavís,*** un **AVE BUCEADORA DE**

30 cm

de longitud que parecía **UN ganso** y también graznaba.

Muestras del suelo del **CRETÁCICO** de la **ANTÁRTIDA** demuestran que el **POLO SUR** estaba cubierto de **SELVA PLUVIAL TEMPLADA** a pesar de que **no había luz solar** durante **1/3** del año.

Se descubrió que un **EJEMPLAR** diminuto de ***Camptosaurus*** de **23 cm** de longitud era un **EMBRIÓN SIN ECLOSIONAR,** aunque no se conservaba su caparazón.

El nombre **«*IGUANODON*»** significa **«DIENTES DE IGUANA».** Tenía **DIENTES PARECIDOS** a los de la **IGUANA**, pero unas

20

VECES MÁS LARGOS.

Se han encontrado restos de ***Tenotosaurus*** herbívoros junto con los del carnívoro ***DEINONYCHUS*** en **15 yacimientos,** lo que sugiere que el **IGUANODONTE** era uno de sus **ALIMENTOS FAVORITOS.**

El ***Iguanodon*** tenía **5 DEDOS** en cada mano, incluidos **3 DEDOS CENTRALES** parcialmente **FUSIONADOS** y un **PULGAR EN FORMA DE PÚA DE 14 cm** de largo.

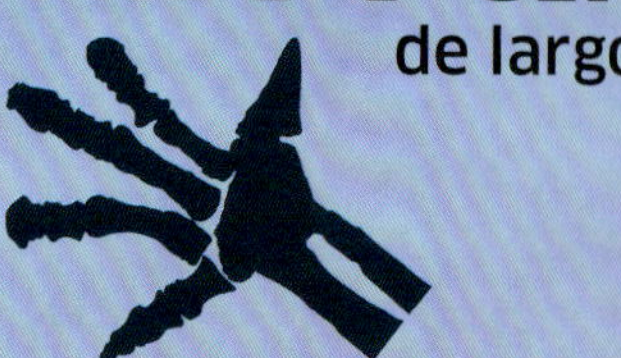

El ***Iguanodon*** fue el **segundo DINOSAURIO** que recibió este nombre.

El ***LURDUSAURUS***, un dinosaurio del **NÍGER** extrañamente robusto, medía **9 m DE LARGO** y tenía un **ENORME VIENTRE** que le colgaba a solo **70 cm DEL SUELO.**

Las **MOLÉCULAS BIOLÓGICAS MÁS ANTIGUAS** pertenecen a un ***Iguanodon*,** proceden de una **COSTILLA FOSILIZADA** hallada en el **REINO UNIDO** y datan de hace **125 MILLONES DE AÑOS.**

IGUANODONTES

INTRIGANTES

El *Iguanodon*, uno de los primeros dinosaurios identificados, era un gran herbívoro del Cretácico inferior conocido por su característico pulgar en forma de púa. Había muchos tipos de iguanodontes, los cuales eran herbívoros con cinco dedos y un pico que caminaban sobre cuatro patas, pero podían levantarse sobre las patas traseras para arrancar hojas de los árboles.

El ***MUTTABURRASAURUS***, de **7 M** de largo y nariz bulbosa que descubrió un ganadero en **1963**, fue el **primer DINOSAURIO AUSTRALIANO** reconstruido a tamaño natural.

El ***Iguanodon*** tenía las patas traseras **MÁS LARGAS** que las delanteras y probablemente **CORRÍA** a una velocidad de **20 KM/H.**

El **PRIMER CEREBRO DE DINOSAURIO** descubierto procede de un **iguanodonte** de **133 MILLONES DE AÑOS.** El fósil se encontró en una playa de **SUSSEX, REINO UNIDO,** en **2004.**

Se han encontrado restos **FOSILIZADOS** de **iguanodontes** en los **7 CONTINENTES.**

A **FINALES DEL SIGLO XIX,** se descubrieron **CASI 30** esqueletos fosilizados **COMPLETOS** de ***IGUANODON*** en **1** mina de carbón belga, lo que sugiere que vivían en manadas.

El ***TENOTOSAURUS***, de **8 m** de largo, tenía una cola que medía la **mitad de su longitud total.**

ESPINOSÁURIDOS
SALVAJES

Durante el Cretácico, vivieron peces monstruosos, al igual que depredadores de peces de tamaño monstruoso, como los espinosáuridos, que tenían el hocico alargado. Además de cazar presas en el agua, estos enormes dinosaurios carnívoros eran expertos en capturar criaturas en tierra.

LOS ESPINOSÁURIDOS tenían **2 FOSAS NASALES MÁS CERCA DE LOS OJOS** que de la **PUNTA DEL HOCICO.** Eso les permitía respirar cuando intentaban **CAPTURAR PRESAS EN EL AGUA.**

En **2021,** se descubrieron **2 nuevas especies** de espinosáuridos en la isla de Wight, Reino Unido: ***CERATOSUCHOPS INFERODIOS*** y ***RIPAROVENATOR MILNERAE.***

A pesar de que el **SPINOSAURUS** fuera **TAN PESADO,** solo tenía **3 DEDOS** en cada pie para **SOPORTAR SU PES**

El ***Spinosaurus*** es el **DINOSAURIO CARNÍVORO MÁS GRANDE DE TODOS LOS TIEMPOS**: los fósiles del cráneo sugieren que este enorme depredador medía **15 m** de largo y pesaba hasta **9 TONELADAS.**

Muchos de los mejores fósiles de ***Spinosaurus*** fueron destruidos por las bombas que cayeron en un museo de **MÚNICH, ALEMANIA,** durante la **SEGUNDA GUERRA MUNDIAL.**

LA VELA DE UN *Spinosaurus* se sostenía con unas **ESPINAS** de al menos **1,6 m** de largo, aunque algunos científicos creen que en su lugar podría haber tenido una **JOROBA EN LA ESPALDA.**

El **PRIMER *SPINOSAURUS*** se descubrió en **EGIPTO** en **1915,** pero tuvieron que pasar

99 años

para que **SE DESCUBRIERA OTRO GRAN CONJUNTO** de fósiles.

El **MODELO ANIMATRÓNICO MÁS GRANDE** jamás realizado para una **PELÍCULA** fue el ***SPINOSAURUS*** de **13,4 m** de largo construido para ***PARQUE JURÁSICO III.***

El ***Baryonyx*** tenía una gran **GARRA DE HUESO** de **30 cm** de largo en cada mano, perfecta para **CLAVARLA EN LOS PECES COMO SI FUERA UN ARPÓN.**

El ***Suchomimus*,** **PARECIDO A UN COCODRILO,** tenía más de **120 dientes** en sus **LARGAS MANDÍBULAS, EL DOBLE** que el *T. rex*.

En **1997**, en el **SÁHARA**, para desenterrar un esqueleto de ***Suchomimus*** fue necesario **MOVER** más de **15 TONELADAS** de **ROCA Y ARENA.**

El ***Irritator*,** de **8 m DE LONGITUD,** se bautizó así porque los paleontólogos se sintieron **IRRITADOS POR LOS DAÑOS** sufridos por su cráneo fosilizado, que se había alterado con **masilla para carrocerías.**

Los análisis de los **CRÁNEOS** de **2** de los espinosáuridos más antiguos, el ***BARYONYX*** y el ***CERATOSUCHOPS*,** mostraron que sus dientes y su hocico se adaptaron a su estilo de vida semiacuático antes que su cerebro.

Un estudio realizado en **2023** de **27 HUELLAS DE 3 DEDOS** descubrió que eran de un **ESPINOSAURIO NADADOR.**

Es posible que haya **UNAS 70 000 HUELLAS** en toda La Rioja.

En un **GRAN EJEMPLO** de **PROYECTO CIENTÍFICO CIUDADANO,** estudiantes y otros residentes locales han liderado la **CARTOGRAFÍA DE HUELLAS** en la región, que cuenta con **170 YACIMIENTOS PALEONTOLÓGICOS.**

Con **MARCAS** de hasta **20 cm** de profundidad, las **HUELLAS** de La Rioja son **«RASTROS FÓSILES»,** un **REGISTRO DE LA ACTIVIDAD ANIMAL MAYOR QUE** los **RESTOS** del propio animal.

Las **HUELLAS** pertenecen a **3 tipos** de dinosaurio: **TERÓPODOS, ORNITÓPODOS** y **SAURÓPODOS.**

NADIE SE DIO CUENTA de que las huellas pertenecían a **DINOSAURIOS** hasta **1969,** cuando **2 CIENTÍFICOS** que llevaban a cabo un trabajo de campo no relacionado con el tema se fijaron en ellas.

ESPAÑA también alberga numerosos restos de dinosaurios del **CRETÁCICO INFERIOR:** en **1 YACIMIENTO EN TERUEL** se descubrieron **15 tipos.**

Superhallazgos

LAS HUELLAS DE LA RIOJA

En una región del norte de España hay miles de icnitas (huellas fósiles) visibles en la roca del Cretácico inferior. Ahora se sabe que son las huellas de dinosaurios que cruzaban antiguas marismas y que contienen pistas vitales sobre el tamaño, la velocidad, el comportamiento y el hábitat de los dinosaurios.

La mayor **HUELLA DE SAURÓPODO DE LA RIOJA** mide **76 POR 73 CM,** como una **SEÑAL DE STOP.**

Se han encontrado **11 000 HUELLAS HASTA EL MOMENTO.**

SEIS HUELLAS separadas por **2,65 m** indican que el dinosaurio que las había dejado **CORRÍA** a **45 KM/H,** ¡un nuevo **RÉCORD DE VELOCIDAD PARA UN GRAN TERÓPODO!**

Las **HUELLAS** datan del **CRETÁCICO INFERIOR,** hace unos **120 millones de años.**

Las huellas de **TERÓPODOS** son las **MÁS COMUNES,** constituyen más de **866** de los rastros identificados.

Un afloramiento de piedra caliza con **212 HUELLAS DE ORNITÓPODOS** superpuestas en la misma dirección demuestra que **SE DESPLAZABAN EN MANADAS.**

HADROSAURIOS

CON PICO DE PATO

Estos grandes herbívoros tenían un pico similar al de un pato para cortar la vegetación. Los hadrosaurios estaban muy extendidos durante el Cretácico, hace entre 90 y 66 millones de años. Muchos tenían crestas sorprendentes en la cabeza, que podrían haberles servido para atraer a sus parejas, regular la temperatura corporal o hacer llamadas ruidosas.

El ***Shantungosaurus*** es el **HADROSAURIO MÁS GRANDE QUE SE CONOCE.** Con nada menos que **15 TONELADAS, PESABA LO MISMO** que **24 VACAS.**

Se **conocen 3 especies** de ***GRYPOSAURUS***, el **«LAGARTO CON PICO EN FORMA DE GANCHO»**, que se identifica por su característico hocico arqueado.

Un modelo en **3D** de la cresta hueca del ***PARASAUROLOPHUS*** reveló que emitía sonidos similares a los del trombón.

El **ESQUELETO FÓSIL MÁS PEQUEÑO Y JOVEN** de un ***PARASAUROLOPHUS***, de hace **75 millones de años,** lo descubrió un **ESTUDIANTE DE 17 AÑOS.**

Los ***MAIASAURA*** ponían lotes de **20-40 huevos,** del **MISMO TAMAÑO QUE LOS HUEVOS DE AVESTRUZ.** A diferencia de muchos dinosaurios, **CUIDABAN DE SUS CRÍAS** hasta que aprendían a caminar.

Una **VÉRTEBRA DE HADROSAURIO** descubierta en **2014** en la isla de Axel Heiberg, a solo

1200 KM del

Polo Norte, es el **fósil de dinosaurio más septentrional jamás hallado,** lo que indica que vivía incluso en regiones árticas.

El **PRIMER ESQUELETO DE DINOSAURIO EXPUESTO EN UN MUSEO** fue el del *Hadrosaurus foulkii*, en **1868,** en la **ACADEMIA DE LAS CIENCIAS NATURALES** en Filadelfia, EE. UU.

LA CRESTA DE LA CABEZA DEL *PARASAUROLOPHUS* medía hasta

1,8 m de largo,

el **DOBLE** que su cráneo.

El ***Edmontosaurus*** tenía probablemente **EL MAYOR NÚMERO DE DIENTES** de todos los dinosaurios, con **MÁS DE**

1000

PIEZAS EN FORMA DE DIAMANTE en las mejillas.

Los estudios de un fósil de ***EDMONTOSAURUS*** apodado **«DAKOTA»** revelaron que probablemente podía correr a

45 KM/H.

El nombre de ***«Olorotitan»*** significa **«CISNE GIGANTE»**, debido a su **LARGO CUELLO**, que contenía

18 vértebras.

Los humanos y las jirafas tienen

7 HUESOS EN EL CUELLO.

Un hadrosaurio fue el **PRIMER DINOSAURIO EN EL ESPACIO**: los fósiles de un ***MAIASAURA PEEBLESORUM*** de

76 millones de años

volaron a bordo del ***SPACELAB 2*** en **1985.**

PSITTACOSÁURIDOS
CON PICO

Estos pequeños dinosaurios herbívoros del Cretácico inferior asiático eran ceratopsios primitivos con protuberancias óseas en las mejillas. El nombre «*Psittacosaurus*» significa «lagarto loro», en alusión a sus picos óseos. Los científicos han encontrado cientos de ejemplares muy bien conservados, desde huevos hasta adultos, por lo que sabemos más de ellos que de la mayoría de los dinosaurios.

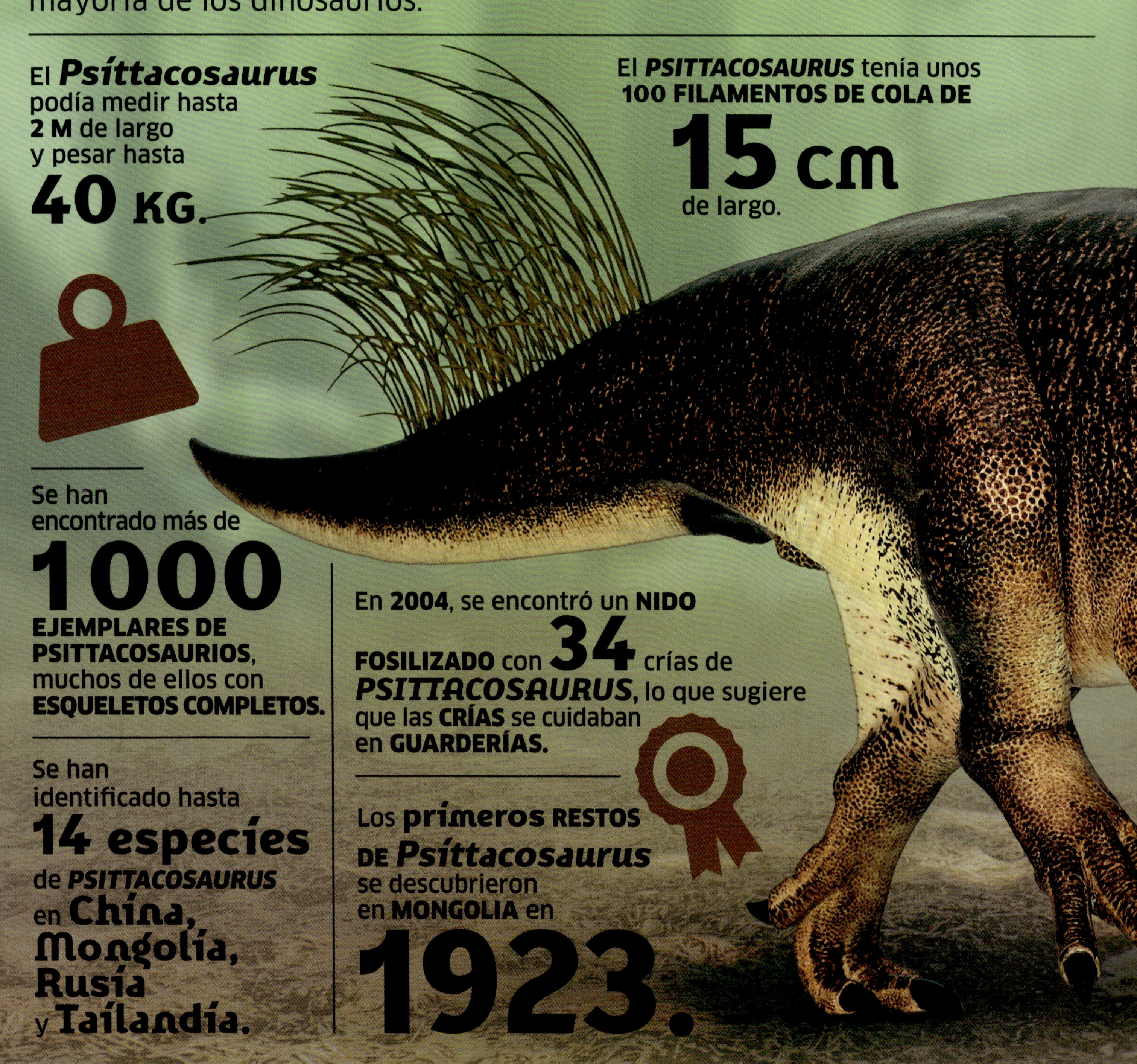

El ***Psíttacosaurus*** podía medir hasta **2 M** de largo y pesar hasta **40 KG.**

El ***PSITTACOSAURUS*** tenía unos **100 FILAMENTOS DE COLA DE** **15 cm** de largo.

Se han encontrado más de **1000** **EJEMPLARES DE PSITTACOSAURIOS**, muchos de ellos con **ESQUELETOS COMPLETOS.**

Se han identificado hasta **14 especies** de ***PSITTACOSAURUS*** en **China, Mongolia, Rusia** y **Tailandia.**

En **2004**, se encontró un **NIDO FOSILIZADO** con **34** crías de ***PSITTACOSAURUS***, lo que sugiere que las **CRÍAS** se cuidaban en **GUARDERÍAS.**

Los **primeros RESTOS DE *Psíttacosaurus*** se descubrieron en **MONGOLIA** en **1923.**

El ***Psíttacosaurus*** era un dinosaurio veloz **CAPAZ DE CORRER** a

33 KM/H.

Los restos fosilizados **MÁS PEQUEÑOS** de ***Psíttacosaurus*** son los de **CRÍAS RECIÉN NACIDAS** de

26 cm

de largo.

Con unas **EXTREMIDADES DELANTERAS** un

58 %

más largas que las **TRASERAS**, el ***PSITTACOSAURUS*** probablemente **CAMINABA SOBRE**

2 patas.

El **MAYOR** de la especie, el ***Psíttacosaurus sibíricus,*** tenía un **CRÁNEO DE**

20,7 cm

de largo, igual de largo que un **LADRILLO.**

Un **PSITTACOSAURUS** adulto podía vivir hasta los **10** u **11** años.

El **ombligo más antiguo** jamás descubierto se encuentra en un ***PSITTACOSAURUS*** fosilizado de

125 MILLONES DE AÑOS DE ANTIGÜEDAD.

Es una cicatriz de donde el **EMBRIÓN** estaba unido al **SACO VITELINO DEL HUEVO.**

En **2016**, un equipo del Reino Unido dio a conocer el **modelo 3D MÁS PRECISO DE UN DINOSAURIO** hasta la fecha, reconstruido utilizando un ejemplar de ***PSITTACOSAURUS MONGOLIENSIS*** completo con **PIEL MARRÓN ESCAMOSA.**

En **2005**, se encontraron los restos de un ***Psíttacosaurus*** joven en el intestino de un ***Repenomamus*** de **1 M** de largo, ¡lo que lo convierte en el **PRIMER EJEMPLAR DE UN MAMÍFERO QUE SE COME A UN DINOSAURIO!**

El ***Sinornithosaurus millenii***, hallado en **LIAONING, CHINA**, en **2001**, fue el **FÓSIL CON PLUMAS MÁS COMPLETO** jamás descubierto. Se calcula que este dinosaurio **DEL TAMAÑO DE UN PATO, DE 60 cm** de largo, tenía **125 MILLONES DE AÑOS.**

El feroz **DEINONYCHUS** («garra terrible») tenía unos **70 DIENTES SERRADOS EN FORMA DE DAGA.**

Aunque el ***Velociraptor*** ha aparecido en películas como un **DEPREDADOR** de tamaño humano, en realidad medía **2 m** de largo desde la **NARIZ** hasta la **COLA**, pero era **MÁS BAJITO QUE UN PAVO.**

El rapaz **DINEOBELLATOR** se bautizó en **2020** y data de hace **67 MILLONES DE AÑOS.**

El ***Deinonychus*** ponía **HUEVOS** de unos **7 cm** de diámetro, que se cree que eran **AZULES** con manchas **MARRONES**.

En **2001**, unos paleontólogos que trabajaban en **UTAH** recuperaron un **«MEGABLOQUE»** de arenisca de **125 MILLONES DE AÑOS DE ANTIGÜEDAD Y 8 TONELADAS DE PESO** lleno de **FÓSILES**, entre ellos **DOCENAS** de ***Utahraptors*** atrapados en **ARENAS MOVEDIZAS.**

El ***Microraptor***, **DEL TAMAÑO DE UN CUERVO**, tenía **2 PARES DE ALAS**. El **MÁS GRANDE** medía **1 m** de ancho.

En **1995**, un **NIÑO** de **14 AÑOS** de Montana, EE. UU., encontró un dromeosaurio de solo **70 cm** de largo. Era **TAN PEQUEÑO** que se bautizó como ***Bambiraptor.***

Los **DROMEOSAURIOS CAMINABAN SOBRE 2 PATAS**, levantando el **SEGUNDO DEDO** del suelo. En algunas especies, este dedo tenía una garra grande y curvada de hasta **24 cm** de longitud que podía engancharse a la presa.

El **MAYOR** dromeosaurio **CONOCIDO**, que se descubrió en **1991** en una arenisca del Cretácico en Utah, EE. UU., es el ***Utahraptor*** y **MEDÍA** hasta **7 m** de largo.

DROMEOSAURIOS

ESPECTACULARES

Los dromeosaurios, pequeños en su mayoría, pero siempre peligrosos, fueron rapaces que vivieron desde el Jurásico medio hasta el Cretácico superior. Estos rápidos depredadores, estrechamente emparentados con las aves, tenían abundantes plumas y garras afiladas en los dedos. Sus restos fósiles se han encontrado en casi todos los continentes.

La mordedura del ***Dromaeosaurus*** era **3 VECES MÁS POTENTE** que la del ***Velociraptor*.**

El ***Velociraptor*** podía alcanzar velocidades de **40 KM/H,** utilizando su **COLA LARGA Y FLEXIBLE EN FORMA DE TIMÓN** para cambiar rápidamente de dirección.

El ***UTAHRAPTOR*** **PESABA** hasta **350 KG,** más o menos lo **MISMO** que un **oso pardo.**

CROCODILIOS MASTICADORES

Los reptiles parecidos a los cocodrilos, con placas óseas llamadas «osteodermos» bajo su piel escamosa, existen desde el Triásico superior. Empezaron a evolucionar hacia su forma actual durante el Cretácico, pero eran mucho más diversos en cuanto al tamaño, la forma del cráneo, la dieta y el hábitat que los cocodrilos actuales.

El ***Mourasuchus***, el antepasado del caimán, vivió **HACE 8 MILLONES DE AÑOS.** Tenía unos **190 DIENTES PEQUEÑOS** y es posible que recogiera **CRUSTÁCEOS** y **PECES** en una bolsa mandibular, como un **PELÍCANO.**

En **1906**, cuando **SE DESCUBRIERON** en Argentina los **DIENTES SERRADOS** de un ***SEBECUS***, de **50 MILLONES DE AÑOS DE ANTIGÜEDAD**, se pensó que procedían de un **TIRANOSAURIO** que sobrevivió a la extinción masiva de los dinosaurios.

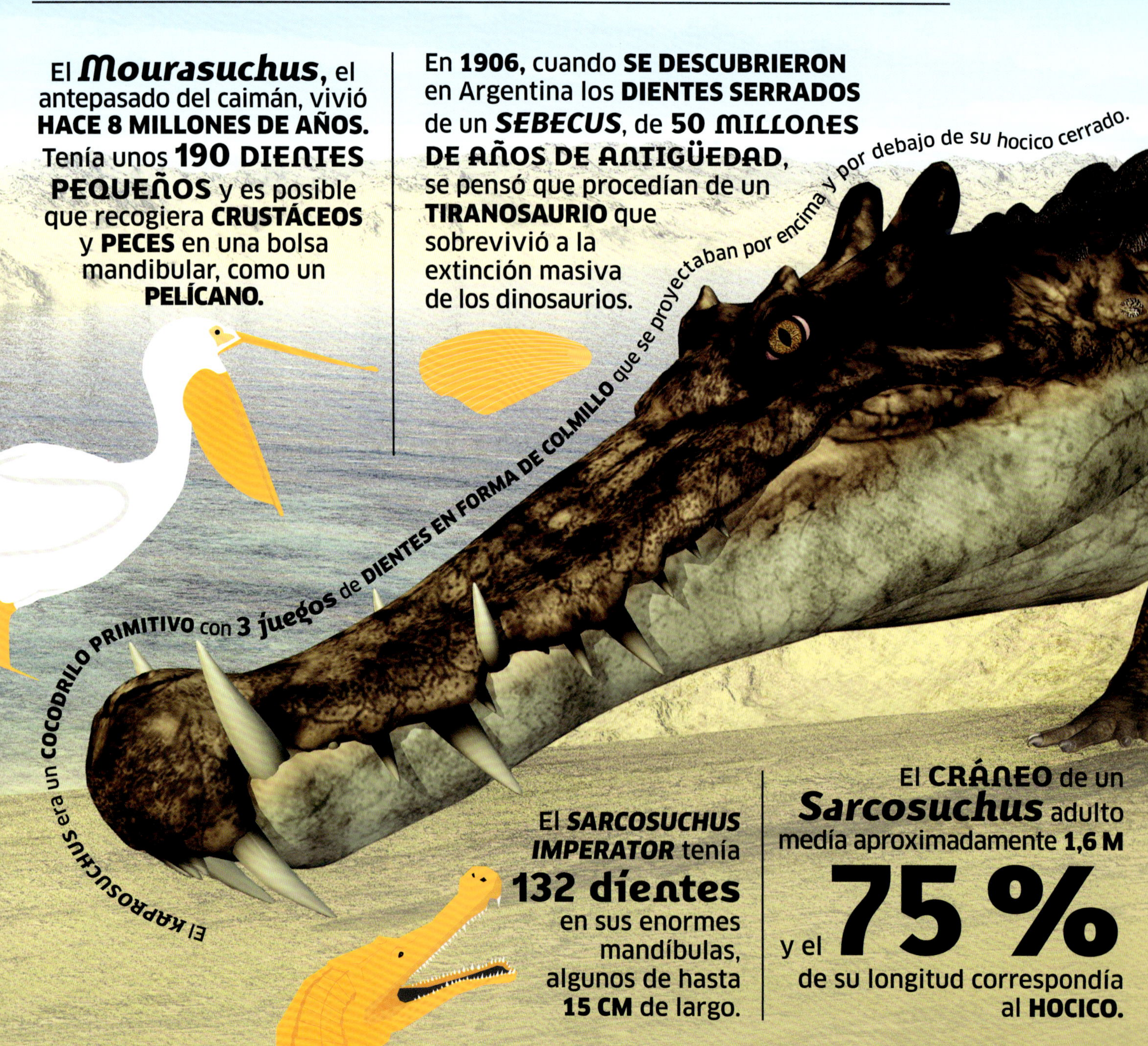

El **KAPROSUCHUS** era un **COCODRILO PRIMITIVO** con **3 juegos** de **DIENTES EN FORMA DE COLMILLO** que se proyectaban por encima y por debajo de su hocico cerrado.

El ***SARCOSUCHUS IMPERATOR*** tenía **132 dientes** en sus enormes mandíbulas, algunos de hasta **15 CM** de largo.

El **CRÁNEO** de un ***Sarcosuchus*** adulto medía aproximadamente **1,6 M** y el **75 %** de su longitud correspondía al **HOCICO.**

El diminuto **SIMOSUCHUS, QUE TENÍA LA NARIZ CHATA Y ERA** pariente del cocodrilo, medía solo

75 cm

de largo y probablemente era **HERBÍVORO.**

El ***Protosuchus*** **(«PRIMER COCODRILO»)** data del **JURÁSICO.** Medía

1 m

de largo y se erguía más que los **COCODRILOS MODERNOS,** lo que le permitía correr más deprisa.

El ***Araripesuchus***, el pequeño **«COCODRILO RATA»**, tenía **2 GRANDES INCISOS** en la mandíbula inferior para desenterrar **LARVAS PARA ALIMENTARSE.**

El ***DEINOSUCHUS*** («cocodrilo del terror»), un antepasado **GIGANTE DEL CAIMÁN,** pudo haberse cruzado con los **TIRANOSAURIOS**, pero era un **DEPREDADOR MUCHO MAYOR,** con un cráneo de hasta

1,6 m

de largo.

El caimán prehistórico ***PURUSSAURUS BRASILIENSIS*** puede haber tenido una de las **MORDEDURAS MÁS FUERTES** de cualquier animal, ya que ejercía una presión de

69 000 NEWTONS

3,5 veces

la de un **TIBURÓN BLANCO.**

Las aves son los **PARIENTES VIVOS MÁS CERCANOS DE LOS cocodrilos,** pero su **ÚLTIMO ANTEPASADO EN COMÚN** vivió hace unos **250 MILLONES DE AÑOS.**

El ***Laganosuchus*** **DEL CRETÁCICO DEL NÍGER** recibe el nombre de **«COCODRILO PANQUEQUE»** por su **CUERPO PLANO DE 6 m** de largo y sus **MANDÍBULAS ULTRAFINAS,** que mantenía abiertas para que los peces entraran dentro.

TOP 5
LOS COCODRILOS MÁS GRANDES

No tenemos esqueletos completos de cocodrilos prehistóricos gigantes, pero los fósiles sugieren que algunos antepasados de los cocodrilos empequeñecían a sus parientes actuales. Desde el supercocodrilo hasta el cocodrilo del terror, estos depredadores eran tan feroces que algunos incluso cazaban dinosaurios.

1

SARCOSUCHUS • Cretácico inferior
ÁFRICA Y AMÉRICA DEL SUR • Longitud: **9-12 M**

Este «supercocodrilo» de 4 toneladas con una gran sobremordida pudo alcanzar un tamaño épico porque tuvo mucho tiempo para crecer, ya que vivía entre 50 y 60 años. Se calcula que un esqueleto parcial desenterrado en el Níger, África Occidental, pertenecía a una criatura de 11,65 m de largo, según el tamaño de su cráneo.

2 ***DEINOSUCHUS*** • Cretácico superior • **MÉXICO Y EE. UU.**
Longitud: **8-12 M**

El *Deinosuchus*, conocido como el «cocodrilo del terror», era un depredador de emboscada con unos dientes tan grandes como plátanos. Sus enormes marcas de mordedura se han encontrado en huesos de tortugas gigantes y dinosaurios que no se dieron cuenta de que acechaba al borde del agua. Vértebras fósiles halladas en Texas y Montana apuntan a bestias que podrían haber alcanzado hasta 12 m de longitud.

3 ***PURUSSAURUS*** • Mioceno • **AMÉRICA DEL SUR**
Longitud: **10-11 M**

El *Purussaurus*, pariente del caimán, merodeaba por los pantanos de la actual Amazonia hace unos 8 millones de años. Dotado de una dentadura redondeada mortífera, este enorme reptil era indiscutiblemente el principal depredador de su época, capaz de capturar presas de hasta una tonelada de peso.

4 ***GRYPOSUCHUS*** • Mioceno • **AMÉRICA DEL SUR**
Longitud: **10 M**

Con su hocico largo y delgado, se cree que el *Gryposuchus* es uno de los miembros más grandes de la familia de los gaviales. Se calcula que un ejemplar de *G. croizati* del Mioceno superior hallado en Venezuela medía 10,15 m de longitud.

5 ***AEGISUCHUS*** • Cretácico medio • **MARRUECOS, ÁFRICA**
Longitud: **9 M**

Hace más de 90 millones de años, el *Aegisuchus* acechaba las aguas de África. Su cráneo, extremadamente largo y plano, estaba cubierto de una gruesa piel, lo que inspiró su nombre, que significa «cocodrilo escudo». Los científicos especulan que este característico cráneo ayudaba a los cocodrilos a comunicarse y a regular la temperatura corporal.

Anquilosaurios

ACORAZADOS

Los anquilosaurios, los tanques de la era de los dinosaurios, eran unos herbívoros cuadrúpedos fornidos que vivieron desde el Jurásico medio hasta el Cretácico superior. Además de una espalda dura y huesuda, muchos tenían una pesada cola en forma de mazo que podían blandir para defenderse.

El **MAZO** de la **COLA** del ***ANKYLOSAURUS*** podía medir hasta **49 cm** de ancho y **60 cm** de largo, la **LONGITUD DE 2 BOTELLAS GRANDES DE REFRESCO.**

La fuerza del impacto de la **COLA EN FORMA DE MAZO** del ***ANKYLOSAURUS,*** que rompía los huesos, habría sido de unos **2000 newtons,** como si un **LOBO MARINO** se te tirara encima.

El **ANQUILOSAURIO MÁS ANTIGUO, EL *SPICOMELLUS AFER,*** data de hace **167 MILLONES DE AÑOS** y es la única especie que tiene **PÚAS FUSIONADAS** a sus **HUESOS COSTALES.**

Se encontraron **12** jóvenes ***Pinacosaurus grangeri*** fosilizados, todos en posición vertical, lo que sugiere que **LOS ANQUILOSAURIOS SE MOVÍAN EN MANADAS.**

La **COLA EN FORMA DE MAZO** del ***ANKYLOSAURUS*** estaba formada por **BLOQUES DE HUESO** y pesaba unos **20 KG,** igual que **3 BOLAS PARA BOLOS.**

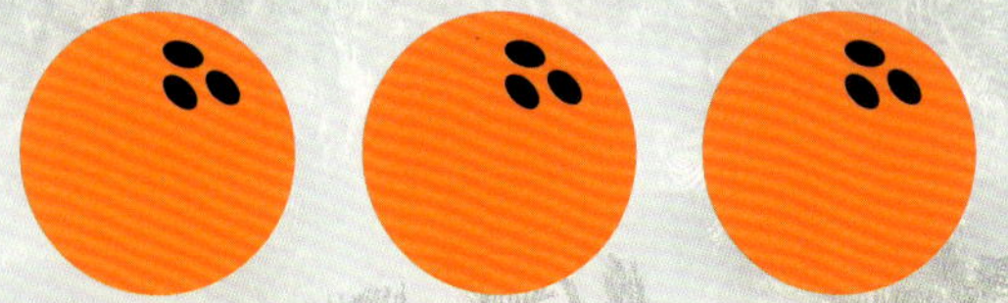

Para mantener su peso, el ***Ankylosaurus*** habría tenido **QUE COMER** unos **60 KG** de **PLANTAS AL DÍA.**

El ***Ankylosaurus*** fue el último y más grande de los **ANQUILOSAURIOS.** Se calcula que medía

9 m

de longitud y

1,8 m

de ancho.

Los **ANQUILOSAURIOS CAMINABAN DESPACIO,** a

3 KM/H.

Solo podían correr a unos

10 KM/H.

Uno de los **ANQUILOSAURIOS MÁS PEQUEÑOS** era ***Minmi*****,** un **DINOSAURIO FRUGÍVORO** de solo

3 m de largo,

aproximadamente la longitud de una **MESA DE PING-PONG.**

El ***ANKYLOSAURUS*** podía pesar hasta **6 TONELADAS,** igual que **2 RINOCERONTES BLANCOS.**

La pequeña cabeza del **ANKYLOSAURUS** estaba protegida por **4 PÚAS EN FORMA DE CUERNO.**

El nombre **«ANQUILOSAURIO»** significa **«LAGARTO FUSIONADO»,** en referencia a los **OSTEODERMOS** (placas óseas) adheridos a la **ESPALDA** del dinosaurio como **ARMADURA.** Las **PLACAS TRIANGULARES** del ***GASTONIA*** podían medir

24 cm

de largo.

El ***BOREALOPELTA MARKMITCHELLI*** canadiense es uno de los **restos de dinosaurio mejor conservados** jamás encontrados, con la piel fosilizada de color marrón rojizo. Se necesitaron más de

7000 horas

a lo largo de

6 años

para prepararlo.

CARCARODONTOSAURIOS

CARNÍVOROS

Los carcarodontosaurios, como los *Giganotosaurus*, los *Carcharodontosaurus* y los *Tyrannotitan*, fueron algunos de los mayores depredadores terrestres de la historia. Estos terópodos bípedos tenían mandíbulas llenas de dientes serrados, una característica que inspiró su nombre, que significa «lagarto con dientes de tiburón».

El ***CARCHARODONTOSAURUS SAHARICUS*** vivió junto al ***SPINOSAURUS*** en lo que hoy es el **DESIERTO DEL SÁHARA HACE 99 millones de años,** cuando estaba cubierto de humedales.

El ***Giganotosaurus***, posiblemente el **MAYOR DE LOS CARCARODONTOSAURIOS,** podría haber alcanzado los **12,5 m** de longitud, **SIMILAR** a un ***TYRANNOSAURUS.***

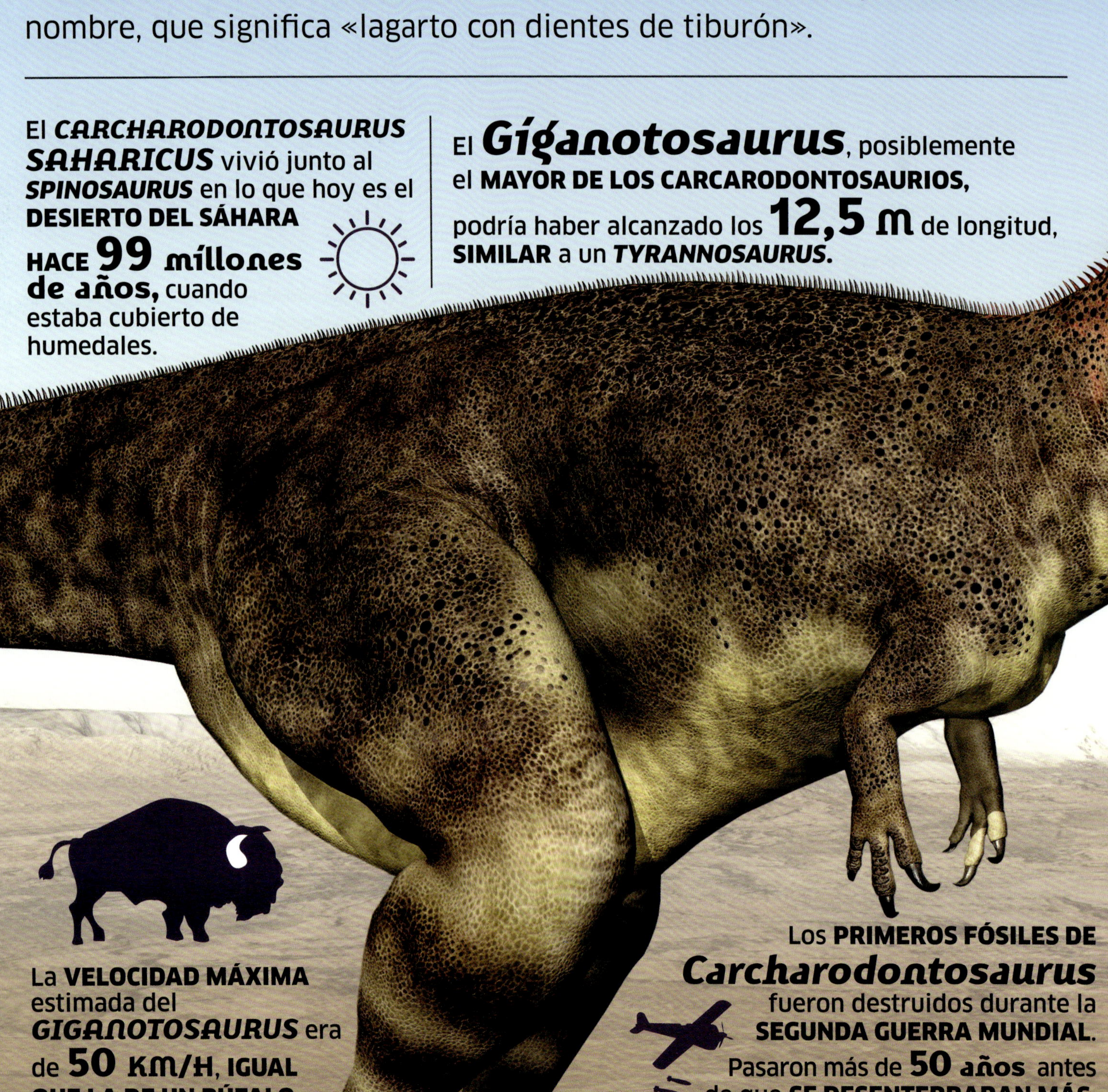

La **VELOCIDAD MÁXIMA** estimada del ***GIGANOTOSAURUS*** era de **50 KM/H, IGUAL QUE LA DE UN BÚFALO.**

Los **PRIMEROS FÓSILES DE *Carcharodontosaurus*** fueron destruidos durante la **SEGUNDA GUERRA MUNDIAL.** Pasaron más de **50 años** antes de que **SE DESENTERRARAN MÁS.**

El **MAPUSAURUS** se descubrió por primera vez en **1997** en unas rocas de Argentina de unos **90 MILLONES DE AÑOS DE ANTIGÜEDAD.**

Se encontraron **57** **DIENTES DE *Tyrannotítan*** entre los **HUESOS FÓSILES** de un ***Patagotítan,*** lo que demuestra que los depredadores **CARROÑEARON LOS RESTOS** de este saurópodo gigante.

El ***CARCHARODONTOSAURUS*** podía **levantar hasta 424 KG** de **PRESA** con sus mandíbulas **SIN PERDER EL EQUILIBRIO.**

El ***CARCHARODONTOSAURUS*** tenía un **CRÁNEO** relativamente **LIGERO** de aproximadamente **1,6 m** de largo.

El ***Carcharodontosaurus*** tenía **62 DIENTES SERRADOS**, de hasta **15 cm** de largo, que en cierto modo se parecían a los de un **TIBURÓN BLANCO.**

El ***GIGANOTOSAURUS*** podía pesar hasta **8,2 TONELADAS.**

Los restos de **7 *Mapusaurus*,** de entre **5 y 11 m** de longitud, se encontraron **JUNTOS**, lo que sugiere un **POSIBLE GRUPO FAMILIAR.**

El ***CARCHARODONTOSAURUS*** probablemente podía **MORDER** con una fuerza de **25 449 NEWTONS,** el equivalente a que te aplasten **5 CABALLOS.**

LAMBEOSAURIOS

CON CRESTA

Este grupo de hadrosaurios (dinosaurios con pico de pato) del Cretácico superior es conocido por su cresta hueca en forma de casco. Los lambeosaurios, como el *Corythosaurus*, eran grandes herbívoros que caminaban tanto sobre dos como sobre cuatro patas y podían comunicarse con sus manadas soplando a través de la cresta como si fuera una trompeta.

Un **CRÁNEO** de ***CORYTHOSAURUS*** desenterrado en **1920** se **REUNIÓ** con el resto de su cuerpo **92 años después,** cuando se volvió a excavar en el yacimiento en **2012.**

El ***Corythosaurus*** tenía una **CRESTA REDONDEADA Y PLANA** en la cabeza que hacía que su cráneo midiera **75 cm** de altura.

El ***CORYTHOSAURUS*** tenía un total de **3** **DEDOS EN FORMA DE PEZUÑA** en cada pie.

El ***Corythosaurus*** debe su nombre, que significa **«LAGARTO DE CASCO CORINTIO»**, a que su cresta **SE PARECÍA A LOS CASCOS** que llevaban los **SOLDADOS CORINTIOS** **HACE 2 500 DE AÑOS.**

El ***CORYTHOSAURUS*** utilizaba su **MANDÍBULA EN FORMA DE PICO** para **CORTAR PLANTAS** antes de **TRITURARLAS** con **centenares** de **DIENTES EN LAS MEJILLAS** en una **«BATERÍA DENTAL».**

El ***CORYTHOSAURUS***,
QUE CORRÍA sobre **2 patas,**
podía alcanzar una
VELOCIDAD MÁXIMA de
32 km/h.

Los **CORYTHOSAURUS** jóvenes desarrollaron **CRESTAS** cuando tenían aproximadamente un **25 %** del tamaño de los adultos.

El **Magnapaulía**
estaba cubierto de
escamas de
6 lados de hasta
1 cm de ancho.

Uno de los mejores **EJEMPLARES**
de **Corythosaurus**
se encontró en
1912
e incluía impresiones
de **PIEL VERRUGOSA** y
TENDONES DE LA COLA.

En **ALBERTA, CANADÁ,**
se han descubierto
un total de **3** especies de
LAMBEOSAURUS con
CRESTAS EN FORMA DE HACHA,
y la más antigua data de hace
76 millones de años.

El ***MAGNAPAULIA DE MÉXICO***,
posiblemente el
lambeosaurino
MÁS LARGO QUE SE CONOCE,
llegó a medir más de
12 m
desde **LA CABEZA HASTA LA COLA.**

El **Lambeosaurus**
era un **HADROSAURIO DE TAMAÑO MEDIO** que **PESABA** hasta
3,3 toneladas.

Desde el **HUNDIMIENTO DE UN BARCO** en
1916, existen **2 ejemplares primitivos** de
CORYTHOSAURUS
en el fondo del
OCÉANO ATLÁNTICO.

Desenterrado en **1999**,
el ***OLOROTITAN***,
un hadrosaurio de
8 m
de largo con una cresta
en forma de abanico,
es el **ESQUELETO DE DINOSAURIO MÁS COMPLETO** jamás
hallado en **RUSIA.**

OVIRRAPTOROSAURIOS
EXTRAORDINARIOS

Estos dinosaurios, en su mayoría desdentados y emplumados, tenían el cuello largo y el pico parecido al de los loros. Los ovirraptorosaurios vivieron unos 60 millones de años durante el Cretácico. Sus fósiles revelan que hacían nidos e incubaban sus huevos.

El **MAYOR** ovirraptorosaurio **CONOCIDO** era el ***Gigantoraptor erlianensis,*** que alcanzaba los **3,5 m** de altura hasta la cadera y **8 m** de **LONGITUD TOTAL,** tanto como un **AUTOBÚS ESCOLAR.**

El ***OVIRAPTOR*** recibió el nombre de **«LADRÓN DE HUEVOS» EN LA DÉCADA DE 1920**, ya que sus huesos se encontraron cerca de huevos. **70 AÑOS** más tarde, los embriones fosilizados demostraron que los huevos eran de ***OVIRAPTOR.***

El ***Caudipteryx,*** un **OVIRRAPTOROSAURIO** primitivo, tenía un **ABANICO DE PLUMAS EN LA COLA** de hasta **13 cm** de largo.

El ***MACROELONGATOOLITHUS*** es un nombre dado a un tipo de **HUEVO FÓSIL DE OVIRRAPTOROSAURIO.** Los **HUEVOS OVALADOS GIGANTES** son **3 veces MÁS LARGOS** que **ANCHOS** y miden hasta **61 CM** de alto.

Un estudio de 1 **GIGANTORAPTOR** demostró que crecía **140 KG** al año.

Como muchos ***OVIRRAPTOROSAURIOS,*** el ***Anzu wyliei*** tenía una **CRESTA EN LA CABEZA** hecha de **HUESO Y QUERATINA,** que le daba al cráneo una altura de hasta **32 cm,** algo más que este libro.

Uno de los **OVIRRAPTORES** más pequeños era el ***Caudipteryx.*** Con solo **89 cm** de largo, este dinosaurio parecido a un ave tenía el tamaño de un **PAVO.**

El ***Gigantoraptor erlianensis*** pudo haber pesado **1,4 TONELADAS, 280 veces** el peso del ***Caudipteryx,*** el **OVIRRAPTOROSAURIO MÁS PEQUEÑO.**

El ***OVIRAPTOR*** llegó a medir unos **2 m,** la altura media de un **JUGADOR DE BALONCESTO DE LA NBA,** pero **NO PESABA NI 40 KG.**

El ***Incisivosaurus,*** uno de los **PRIMEROS** ovirraptorosaurios **CONOCIDOS,** vivió en China hace unos **126 MILLONES DE AÑOS.**

El ***CAUDIPTERYX*** era **DIMINUTO** pero **RÁPIDO,** con una **VELOCIDAD MÁXIMA** de **28 KM/H.**

El ***GIGANTORAPTOR*** tenía una **MANDÍBULA INFERIOR** de hasta **46 cm,** pero **NO TENÍA DIENTES** y mordía con un **PICO CÓRNEO DE 10 cm** de ancho.

Los ***ovirraptores*** ponían unos **16 HUEVOS, DE 2 EN 2,** en un **ANILLO** con el **CENTRO VACÍO,** lo que evitaba que fueran aplastados.

Un **CRÁNEO DE *PENTACERATOPS*** de **3,2 m DE ALTO** expuesto en Oklahoma, EE. UU., es el **CRÁNEO DE DINOSAURIO MÁS GRANDE** jamás encontrado.

Debido a su **SÓLIDA ESTRUCTURA ÓSEA**, el cráneo del ***Tríceratops*** se fosiliza muy bien. Se han desenterrado más de **50 FÓSILES DE CRÁNEOS**.

Ningún otro ceratopsio era **MÁS PESADO** que el ***Tríceratops horrídus***, que podía alcanzar las **9 TONELADAS**, más o menos como **8 coches pequeños juntos.**

El ***AGUJACERATOPS*** se encontró en **1938** en rocas de hace **77 MILLONES** de años.

El ***Eíníosaurus***, el «lagarto bisonte», vivió hace **74 MILLONES DE AÑOS**. Tenía **2 PÚAS** en el **ADORNO ÓSEO** y **1 característico cuerno nasal grande** que **SE CURVABA HACIA DELANTE** sobre el pico.

El ***KOSMOCERATOPS RICHARDSONI*** tenía **15 cuernos** en la **CARA** y el **ADORNO ÓSEO, NINGÚN OTRO ANIMAL LO SUPERA.**

El **PRIMER** fósil de ***Zuníceratops*** lo halló en **NUEVO MÉXICO, EE. UU.**, un niño de **8 AÑOS.**

CERATOPSIOS

CON CUERNOS

Los ceratopsios eran dinosaurios de aspecto asombroso que prosperaron en el Cretácico. La mayoría tenía cuernos enormes y afilados, largos adornos óseos en el cuello y picos parecidos a los de los loros para agarrar plantas. Los ceratopsios más pequeños y ligeros caminaban sobre dos patas, pero los más pesados, como el *Triceratops*, utilizaban las cuatro extremidades para soportar su gran peso.

NO TODOS los ceratopsios eran así de **ENORMES.** El ***Aquilops americanus*, DEL TAMAÑO DE UN GATO,** solo **PESABA 1,5 KG,** más o menos lo mismo que **6** latas de sopa.

EL TRICERATOPS, EL TOROSAURUS y el ***COAHUILACERATOPS*** tenían cuernos de hasta **1,2 m** de longitud, los **MÁS LARGOS DE TODOS LOS DINOSAURIOS.**

El ***PROTOCERATOPS*** mantenía sus huevos calientes durante al menos **83 días.**

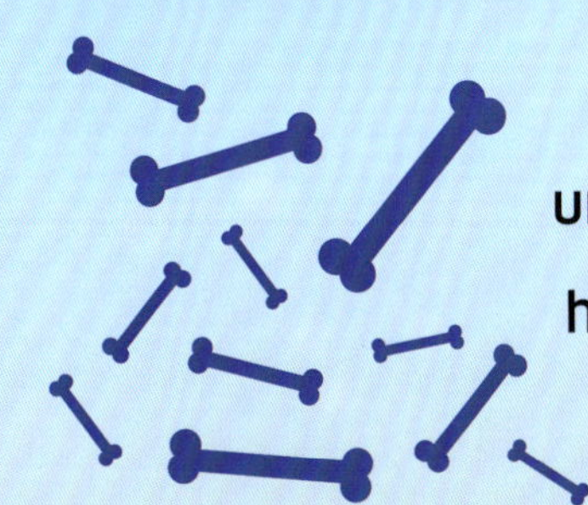

En **ALBERTA, CANADÁ,** se encontró un **LECHO FÓSIL** con **miles** de huesos de ***Centrosaurus*** que podrían proceder de una **MANADA QUE SE AHOGÓ.**

El ***TRICERATOPS***, que medía **9 m, IGUAL** que una **RED DE VOLEIBOL,** era probablemente el **MÁS LARGO DE LOS CERATOPSIOS.**

El nombre **«*ARCHAEOCERATOPS*»** significa **«ANTIGUA CARA CON CUERNOS»,** pero, aunque es un **CERATOPSIO, no** tenía **cuernos.**

BIG JOHN

Este enorme herbívoro del Cretácico superior fue desenterrado en la famosa formación de Hell Creek de Dakota del Sur, EE. UU. Apodado así por el propietario del rancho donde lo encontró un cazador de fósiles profesional, «Big John» es el *Triceratops* más grande jamás descubierto.

BIG JOHN fue encontrado en **MAYO DE 2014**. Su excavación finalizó en **AGOSTO DE 2015.**

El lado derecho de su **CRÁNEO** tiene una **BRECHA EN FORMA DE CERRADURA DE 20 CM** de longitud, fruto, probablemente, de un **ATAQUE FRONTAL** de un **TRICERATOPS** rival. Se cree que el golpe provocó finalmente la muerte del **ANIMAL**, de **60 años.**

Un taller de fósiles EN ITALIA tardó **9 MESES** en preparar el **ESQUELETO.**

Se encontraron unos **200 huesos** esparcidos por una superficie de **100 m².**

Se han desenterrado más de **100** ejemplares de ***TRICERATOPS*** en la **FORMACIÓN DE HELL CREEK,** lo que los convierte en los **RESTOS DE DINOSAURIOS MÁS COMUNES** encontrados allí.

El esqueleto de **Big John** es entre un **5** y un **10 %** **mayor** que el de **CUALQUIER OTRO *TRICERATOPS*** conocido.

Una exposición en un museo infantil en **2023** convirtió a **BIG JOHN** en el **PRIMER ESQUELETO COMPLETO DE DINOSAURIO** expuesto en **TAMPA, FLORIDA.**

Big John es un fósil de la especie ***Triceratops horridus,*** descubierto en Wyoming, EE. UU., en **1888** y data de hace unos **66 millones de años,** el final de la **ERA DE LOS DINOSAURIOS.**

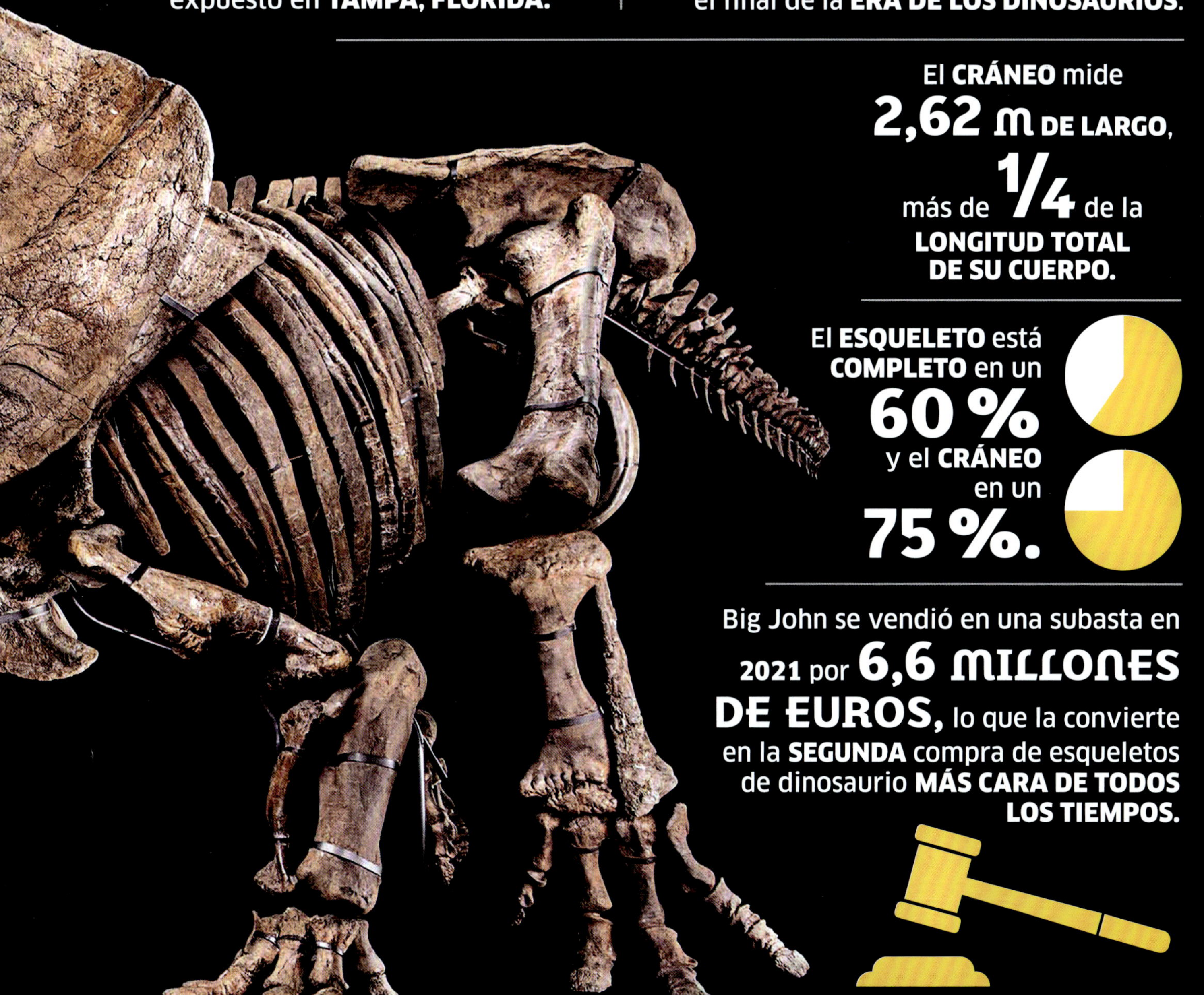

El **CRÁNEO** mide **2,62 m DE LARGO,** más de **1/4** de la **LONGITUD TOTAL DE SU CUERPO.**

El **ESQUELETO** está **COMPLETO** en un **60 %** y el **CRÁNEO** en un **75 %.**

Big John se vendió en una subasta en **2021** por **6,6 MILLONES DE EUROS,** lo que la convierte en la **SEGUNDA** compra de esqueletos de dinosaurio **MÁS CARA DE TODOS LOS TIEMPOS.**

TITANOSAURIOS ENORMES

Los titanosaurios, unos saurópodos inmensos, fueron las criaturas más grandes que jamás pisaron tierra firme. Durante el Cretácico, estos herbívoros que exploraban las copas de los árboles más altos eran los más grandes entre los más grandes.

El ***DREADNOUGHTUS SCHRANI***, de **ARGENTINA**, medía unos **26 m** de largo, más que la **LONGITUD** media de una **PISCINA RECREATIVA.**

Los fósiles de ***AUSTROPOSEIDON MAGNIFICUS*** pasaron **63 AÑOS ALMACENADOS** antes de que **SE ESTUDIARAN** y **SE DESCUBRIERA** que pertenecían a una **NUEVA ESPECIE** de titanosaurio.

El **FÉMUR** (hueso del muslo) del ***PATAGOTITAN MAYORUM*** medía **2,4 m** de largo, **MÁS** que un **SER HUMANO ADULTO.**

El ***ARGENTINASAURUS***, posiblemente el **MAYOR TITANOSAURIO,** podría haber pesado **70 TONELADAS,** lo mismo que **10 ELEFANTES AFRICANOS.**

Se han encontrado restos de **TITANOSAURIOS** en los **7 continentes**, incluida la **ANTÁRTIDA.**

LOS RESTOS FOSILIZADOS de titanosaurios son muy raros. El ***PUERTASAURUS*** se conoce por solo **4 VÉRTEBRAS** halladas en **ARGENTINA** en **2001.**

Se calcula que los huevos de ***HYPSELOSAURUS PRISCUS*** medían **30 cm** de **DIÁMETRO,** aproximadamente el tamaño de una **PELOTA DE PLAYA.**

Un huevo de titanosaurio de la **INDIA** pasó **DESAPERCIBIDO** durante

175 AÑOS.

Se había **IDENTIFICADO ERRÓNEAMENTE** y guardado en la **COLECCIÓN DE MINERALES** del Museo de Historia Natural de Londres.

PALEONTÓLOGOS de la **INDIA** descubrieron **92 nidos de titanosaurios** que contenían un total de **256 HUEVOS REDONDOS.**

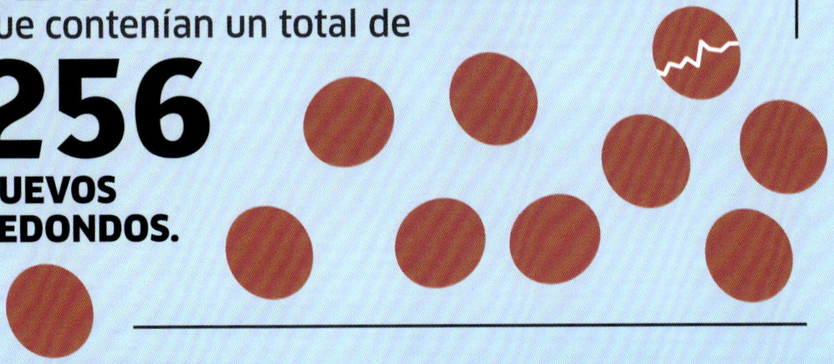

NO TODOS LOS titanosaurios eran **GIGANTES. EL *MAGYAROSAURUS DACUS*** medía solo **5-6 m DE LARGO** y **PESABA** unos **1000 KG,** lo **MISMO** que un **OSO GRANDE.**

En los **HUESOS FOSILIZADOS** de algunos **TITANOSAURIOS GIGANTES** se han encontrado indicios de **GUSANOS DE SANGRE PARASITARIOS** de tan solo **0,2-0,3 mm DE LARGO.**

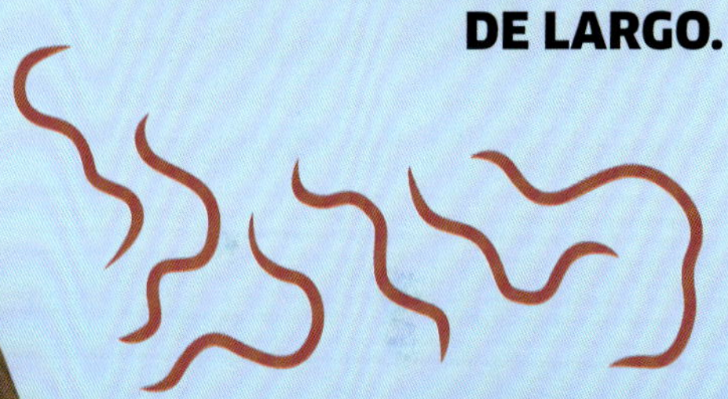

El ***PATAGOTIAN MAYORUM*** ingería unos **129 KG** de **PLANTAS AL DÍA,** el equivalente a **516 LECHUGAS.**

ORNITOMÍMIDOS

EN FORMA DE AVESTRUZ

El nombre de la familia de dinosaurios «Ornithomimidae» significa «imitadores de aves». Estos terópodos con plumas del Cretácico superior eran similares en tamaño y forma a los avestruces actuales. Eran veloces sobre sus dos largas patas y eran principalmente herbívoros, con grandes ojos situados en un cráneo pequeño y un pico desdentado.

Los **ORNITOMÍMIDOS** reciben este nombre por las **AVES** a las que **SE PARECÍAN**, pero a menudo eran mucho más grandes.

El ***Anserimimus***, el **«IMITADOR DEL GANSO»**, medía **3,5 m** de largo, **5 VECES** el tamaño de un **GANSO MEDIO.**

LAS PLUMAS PRIMITIVAS encontradas en un **FÓSIL** de ***ORNITHOMIMUS*** medían hasta **5 cm** de longitud y le brotaban de la **PARTE SUPERIOR DEL CUERPO, EL CUELLO** y las **EXTREMIDADES.**

Los **ORNITOMÍMIDOS** se encontraban entre los **DINOSAURIOS MÁS RÁPIDOS,** capaces de alcanzar **VELOCIDADES** de hasta **60 KM/H,** casi **IGUAL** que una **hiena.**

LAS HUELLAS FOSILIZADAS y los **HUESOS RECOLECTADOS** sugieren que los **ornitomímidos** se desplazaban en **PEQUEÑAS MANADAS** de hasta **14 INDIVIDUOS.**

Un **ESQUELETO** de ***Ornithomimus*** hallado en **ALBERTA, CANADÁ,** en **2008** fue el **primer DINOSAURIO CON PLUMAS** que se descubrió en **EL CONTINENTE AMERICANO.**

El ***Ornithomimus*** tenía **3 DEDOS EN CADA MANO**, uno de ellos 1 pulgar y todos de igual longitud. Podría haber usado sus **MANOS CON GARRAS** para recoger hojas.

El **Gallimimus** tenía el cerebro del tamaño de una **PELOTA DE GOLF**, de unos

4,3 cm

de **DIÁMETRO.**

Las especies posteriores de **ORNITOMÍMIDO no tenían dientes.** Utilizaban **PICOS PARECIDOS A LOS DE LOS PATOS,** hechos de **QUERATINA,** para **MORDER PLANTAS** y **FILTRAR PEQUEÑAS PRESAS** en el agua.

El **GALLIMIMUS** podía pesar

450 KG,

más o menos lo mismo que un **CABALLO.**

El ***ARCHAEORNITHOMIMUS,*** que significa **«ANTIGUO IMITADOR DE AVES»,** con **89 MILLONES DE AÑOS,** es el **ORNITOMÍMIDO MÁS ANTIGUO.**

El **GALLIMIMUS** era el **MAYOR ORNITOMÍMIDO** y alcanzaba una longitud de **6 m.**

El **ORNITOMÍMIDO** mejor conservado es un ejemplar de ***Ornithomimus edmontonicus*** hallado en **ALBERTA, CANADÁ,** en **1995.** El esqueleto está casi **COMPLETO AL**

100 %,

solo le faltan algunos huesos en los dedos.

Los cráneos de ***Gallimimus*** tenían **CAVIDADES OCULARES DE**

7,5 cm de diámetro, con **GRANDES OJOS ORIENTADOS HACIA LOS LADOS,** perfectos para **DETECTAR** a los **DEPREDADORES** que se les acercaban.

El mayor paquicefalosaurio conocido fue el ***PACHYCEPHALOSAURUS WYOMINGENSIS***, que alcanzó una longitud aproximada de **7 m.**

Los ***PACHYCEPHALOSAURUS*** tenían **CRÁNEOS** de hasta **80 cm** de largo. Sus **CALOTAS CRANEALES FOSILIZADAS** se han confundido por **RODILLAS.**

Un **FÓSIL** de ***PACHYCEPHLOSAURUS*** hallado en **1860** se identificó incorrectamente como un **ARMADILLO** durante **120 años.**

Se cree que los **PAQUICEFALOSAURIOS** no trepaban. Las especies más pequeñas solo comían **PLANTAS** de hasta **1 m** de altura.

El ***PACHYCEPHALOSAURUS*** tenía **5 dedos con garras** en cada mano.

De todos los fósiles de **PAQUICEFALOSAURIO** encontrados, el **86 %** son solo **PARTES** de los **CRÁNEOS.**

Bautizado con el nombre de la **ESCUELA DE MAGIA** de los libros de **HARRY POTTER**, algunos científicos creen que el ***Dracorex hogwartsía***, de **2,4 m** de largo, es un ***PACHYCEPHALOSAURUS*** joven.

La cúpula ósea del cráneo de un ***PACHYCEPHALOSAURUS*** **ADULTO**, de **20 cm,** unas **20 VECES MÁS GRUESA** que los cráneos de dinosaurio **NORMALES**, era la **MÁS GRUESA** de todos los dinosaurios conocidos.

PAQUICEFALOSAURIOS CON
EL CRÁNEO GRUESO

Estos dinosaurios relativamente pequeños pero con una famosa cabeza de hueso vivieron durante el Cretácico superior en Asia y América del Norte. Caminaban sobre dos patas y se alimentaban principalmente de plantas. Sus duras cabezas, a veces puntiagudas, se utilizaban probablemente en competiciones de cabezazos entre machos rivales.

La mayoría de los **PAQUICEFALOSAURIOS** tenían **DIENTES PEQUEÑOS**, de solo **0,8 cm** de largo. Utilizaban sus **DIENTES FRONTALES EN FORMA DE PINZA** para **CORTAR VEGETACIÓN.**

Los estudios de los **CRÁNEOS** de los **PAQUICEFALOSÁURIDOS** revelaron que el **22 %** tenían **INFECCIONES ÓSEAS** como resultado de **HERIDAS DE COMBATE.**

El ***Sinocephale bexelli***, descubierto en **MONGOLIA** en **1953**, se **IDENTIFICÓ INCORRECTAMENTE** como ***TROODON*** o ***STEGOCERAS*** durante **68 años.**

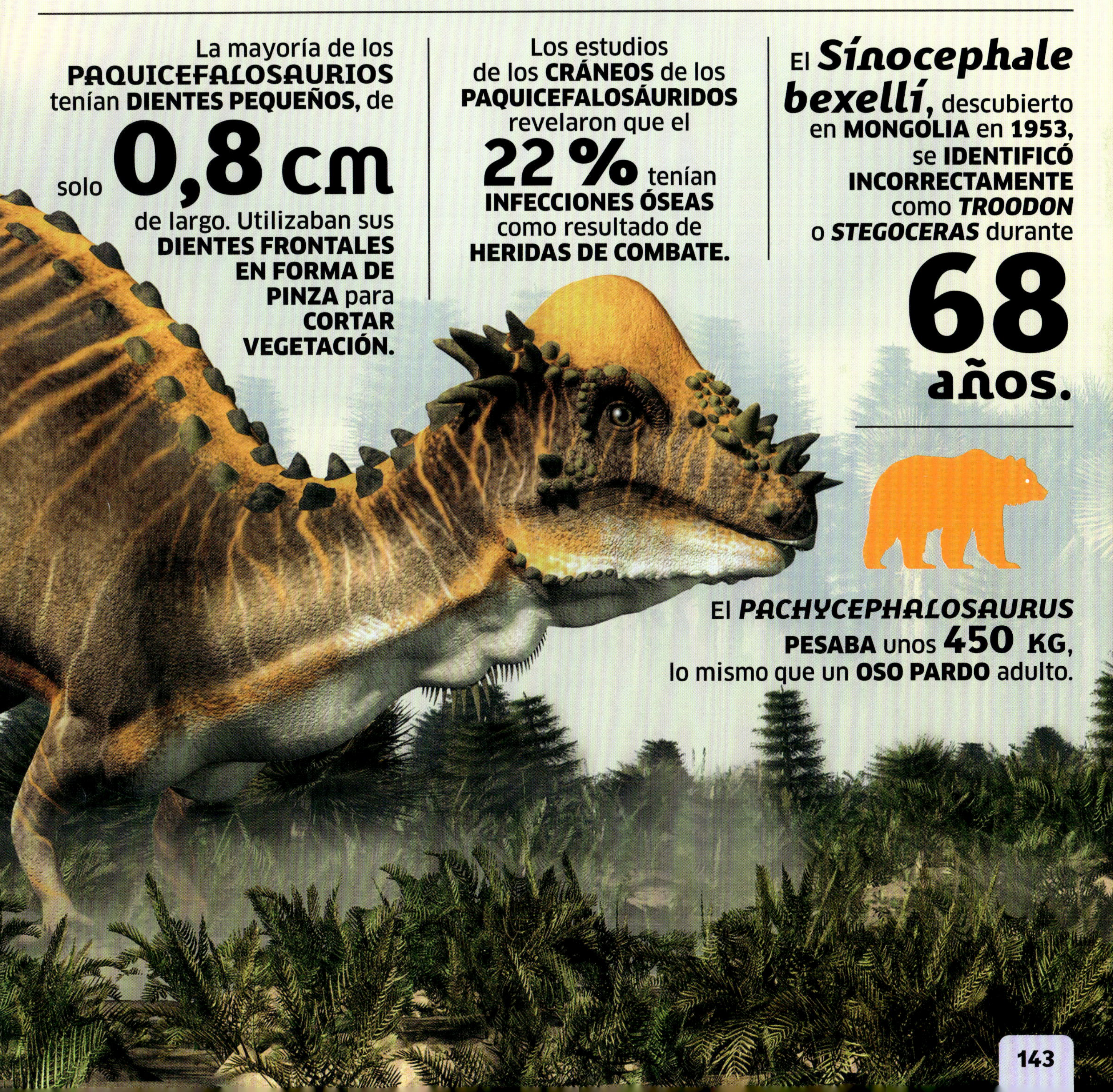

El ***PACHYCEPHALOSAURUS*** **PESABA** unos **450 KG**, lo mismo que un **OSO PARDO** adulto.

TOP 5
LAS MAYORES ENVERGADURAS

Los pterosaurios eran parientes lejanos de los dinosaurios y los primeros vertebrados que surcaron los cielos. En el Cretácico, fueron los animales voladores más grandes que ha visto la Tierra.

1 ***QUETZALCOATLUS NORTHROPI***

Cretácico superior • **TEXAS, EE. UU.**

Envergadura: **11-12 M**

Este colosal pterosaurio, quizá la criatura voladora más gigantesca que jamás haya existido, era tan alto como una jirafa, cazaba como una garza y planeaba como un cóndor. Para volar, tenía que saltar 2,5 m del suelo.

2 ***HATZEGOPTERYX THAMBEMA***

Cretácico superior • **TRANSILVANIA, RUMANÍA**

Envergadura: **10-12 M**

Esta especie, inicialmente identificada solo a partir de un hueso del brazo y un cráneo parcial, se bautizó en 2002 a partir de unos fósiles hallados a las afueras de la ciudad de Haţeg, en Rumanía. Se calcula que su envergadura rivalizaba con la del *Quetzalcoatlus*, ¡pero su cráneo era aún más largo!

3 ***CRYODRAKON BOREAS***

Cretácico superior • **ALBERTA, CANADÁ**

Envergadura: **COMO MÍNIMO 10 M**

La gran envergadura del *Cryodrakon boreas* y su corpulencia sugieren que probablemente volaba mucho más lejos que los dos yacimientos donde se han desenterrado esqueletos parciales. Los científicos creen que la criatura, conocida como el «dragón helado de los vientos del norte», podría haber volado sin parar durante miles de kilómetros.

4 ***THANATOSDRAKON AMARU***

Cretácico superior • **MENDOZA, ARGENTINA**

Envergadura: **9 M**

Este primitivo pterosaurio gigante es el más grande que se ha encontrado en América del Sur, donde planeaba sobre los terrenos inundables del interior de lo que hoy es Argentina. Su nombre significa «dragón de la muerte», pero probablemente cazaba con los pies en el suelo, como la actual cigüeña de Marabú.

5 ***ARAMBOURGIANIA PHILADELPHIAE***

Cretácico superior • **JORDANIA Y EE. UU.**

Envergadura: **8-9 M**

Aunque la envergadura de esta especie era ligeramente inferior a la de otros pterosaurios titánicos, tenía un cuello absurdamente largo: ¡casi el doble que el de *Quetzalcoatlus*! Con ese cuello de flamenco, era más alto que el *T. rex*.

El ***Proceratosaurus*** data de hace **170 MILLONES DE AÑOS.** Se descubrió en **1910** en Inglaterra a partir de un **CRÁNEO PARCIAL** y es el **TIRANOSÁURIDO MÁS ANTIGUO CONOCIDO.**

El ***T. REX*** tenía estribos **(HUESOS DEL OÍDO INTERNO)** hasta **240 VECES MÁS LARGOS** que los nuestros y podía oír tonos muy graves.

El **PRIMER *T. REX*** se descubrió en **1902**, pero los **PRIMEROS BRAZOS DIMINUTOS DEL *T. REX*** no se encontraron hasta **86 AÑOS** después.

SCOTTY, el **EJEMPLAR** de ***T. REX* MÁS LONGEVO** encontrado hasta el momento, tenía una **EDAD APROXIMADA** de **30 años,** según los **ANILLOS DE CRECIMIENTO** de sus **HUESOS.**

Scotty es también el ***T. REX* MÁS GRANDE CONOCIDO,** con casi **12,8 m** de longitud y **8 870 KG** de peso, aproximadamente lo mismo que **4 CAMIONETAS.**

El ***Tyrannosaurus rex*** tenía **60 DIENTES SERRADOS CÓNICOS** que se reemplazaban con frecuencia.

TIRANOSAURIOS
TERRORÍFICOS

Estos feroces depredadores son famosos por sus diminutos brazos y sus enormes mordeduras trituradoras de huesos, a pesar de que los primeros tiranosáuridos del Jurásico medio tenían plumas y un tamaño modesto. Con el tiempo evolucionaron hasta convertirse en los gigantes del Cretácico superior que mejor conocemos, como el *T. rex*.

Un yacimiento de dinosaurios en **ALBERTA, CANADÁ,** donde se encontraron **22** ejemplares de ***Albertosaurus*** **JÓVENES** y **ADULTOS** sugiere que **PODRÍAN HABER CAZADO EN MANADA.**

Con **12 m,** el ***TARBOSAURUS*** de Mongolia era tan largo como el ***T. REX,*** pero sus **DIMINUTOS BRAZOS CON 2 GARRAS** eran los **MÁS PEQUEÑOS** de cualquier **TIRANOSAURIO** en **RELACIÓN** con el **TAMAÑO DE SU CUERPO.**

Con **9 m DE LARGO, EL *Yutyrannus hualí,*** descubierto por unos agricultores en China, es el **ANIMAL MÁS GRANDE** encontrado hasta la fecha **CON INDICIOS DIRECTOS DE PLUMAS.**

El **CRÁNEO** de un ***DASPLETOSAURUS*** encontrado en **2017** sugiere que los tiranosaurios tenían un **SEXTO SENTIDO DE DETECCIÓN DE MOVIMIENTO** en sus **HOCICOS SENSIBLES** para ayudar a **RASTREAR PRESAS.**

Con la **MORDEDURA MÁS FUERTE** de **CUALQUIER ANIMAL TERRESTRE** de la historia, el *T. rex* podía **APRETAR** con una **FUERZA** de hasta **5,8 TONELADAS,** el peso de un **elefante.**

Un **ESQUELETO** de ***T. REX*** se vendió por **UNA CIFRA RÉCORD DE 31,8 millones de USD** (30 millones de euros) en una subasta en **2020,** lo que lo convirtió en el **EJEMPLAR FÓSIL MÁS CARO** hasta la fecha.

TERICINOSAURIOS
CON GARRAS

Los tericinosaurios eran herbívoros del Cretácico de gran tamaño y aspecto extraño. Su nombre, que significa «lagartos guadaña», se debe a que las características garras de sus extremidades anteriores se asemejan a las largas hojas curvadas de las guadañas. Aunque eran prácticas para defenderse, probablemente las utilizaban para alcanzar plantas altas.

Las **GARRAS** del ***THERIZINOSAURUS*** eran las **MÁS LARGAS DE CUALQUIER ANIMAL CONOCIDO.** Podían medir hasta

91 cm.

Los **TERICINOSÁURIDOS** tenían **LOS BRAZOS MÁS LARGOS** de todos los dinosaurios terópodos de **2 patas.**

Cuando se encontraron las **GARRAS** del ***THERIZINOSAURUS*** en **1954,** se pensaba que pertenecían a una **TORTUGA MARINA DE 4,5 m** de longitud.

El pequeño ***JIANCHANGOSAURUS*** tenía unos **110 dientes** ocultos tras un **PICO SIMILAR AL DE UNA TORTUGA.**

El *Therizinosaurus* podía alcanzar hasta **9,6 m,** la longitud de **5 CAMAS.**

La **LONGITUD MEDIA** de una pata de *Therizinosaurus* era de **3 m,** más alta que un **AVESTRUZ**.

31 HUELLAS fosilizadas DE TERICINOSAURIO, de **21,4 cm** de largo de media, halladas en Alaska, sugieren que estos dinosaurios viajaban en **MANADAS.**

Se cree que los **TERICINOSAURIOS** tenían **PLUMAS.** Los fósiles de ***Beipiaosaurus*** muestran que estaba cubierto de plumón, con plumas en la cola de **4-7 cm** de largo.

Los tericinosaurios **ANIDABAN EN COLONIAS.** En una pequeña zona de **MONGOLIA,** los cazadores de fósiles encontraron **15 nidadas separadas** de **HUEVOS DE TERICINOSAURIO, DE LAS CUALES 9** habían **ECLOSIONADO CON ÉXITO.**

A diferencia de la mayoría de los **TERÓPODOS, EL *THERIZINOSAURUS*** cargaba su peso sobre los **4 dedos** de los pies en lugar de mantener uno separado del suelo.

LOS HUEVOS DE TERICINOSAURIO eran **ESFÉRICOS** con **CÁSCARAS RUGOSAS.** Una nidada de huevos de **13 cm** de diámetro habría dado lugar a **ADULTOS** de unos **100 KG.**

El pequeño tericinosaurio ***ERLIKOSAURUS ANDREWSI*** era de **ESTATURA HUMANA,** pero alcanzaba los **3,4 m** de longitud.

Un ***THERIZINOSAURUS*** adulto pesaba entre **5** y **6 TONELADAS,** tanto como **10 alces machos.**

MOSASAURIOS

AMENAZADORES

Los escamosos mosasaurios fueron los depredadores marinos dominantes del Cretácico superior, ya que capturaban peces, tiburones e incluso plesiosaurios. Estos lagartos del tamaño de una ballena eran similares a los actuales varanos, nadaban rápido y eran monstruosos.

El **MAYOR MOSASAURIO**, y el **MAYOR LAGARTO DE LA HISTORIA**, fue el ***MOSASAURUS***, que alcanzó los

17 m,

la longitud de un **CAMIÓN CON REMOLQUE.**

Se cree que los

MOSASAURIOS

tuvieron **CRÍAS VIVAS**. Se han encontrado fósiles de crías de unos

70 cm

de largo, o el

22 %

DEL TAMAÑO ADULTO.

Los **MOSASAURIOS** nadaban moviendo **TODO EL CUERPO Y LA COLA** como un **COCODRILO** utilizando sus **4 grandes aletas** para dirigir su rumbo.

El ***Dallasaurus turnerí***, con solo **1 m** de longitud, es uno de los **MOSASAURIOS MÁS PEQUEÑOS QUE SE CONOCEN.**

El ***Tylosaurus*** tenía hasta **52 dientes cónicos** en las mandíbulas, que utilizaba para capturar **PLESIOSAURIOS, TORTUGAS, AVES MARINAS, AMMONITES, TIBURONES** y **OTROS PECES.**

El primer **HALLAZGO** de **MOSASAURIO** fue una **MANDÍBULA** de

1 m

de longitud que se encontró en los Países Bajos en **1764.**

El ***Mosasaurus*** pesaba unas **15 toneladas,** lo **MISMO** que **6 HIPOPÓTAMOS.**

Se cree que el **MOSASAURUS NADABA CERCA DE LA COSTA** a **PROFUNDIDADES** de **40-50 m.**

LAS HUELLAS FÓSILES revelan que el ***Tylosaurus*** tenía una piel escamosa con minúsculas **ESCAMAS EN FORMA DE DIAMANTE** de unos **3,3** por **2,5 mm.**

AL IGUAL QUE LOS COCODRILOS, LOS MOSASAURIOS reemplazaban constantemente los **DIENTES.** El ***Platecarpus*** tardaba **260 días** en **DESARROLLAR** un **NUEVO DIENTE.**

El **MAYOR FÓSIL DE MOSASAURIO EXPUESTO** es un ***Tylosaurus pembinensis*** llamado **«BRUCE»** que mide

13 m

de largo, tanto como una **BALLENA GRIS.**

Un fósil de ***Mosasaurus missouriensis*** incluye un **PEZ** de **1 m** de largo en el estómago, una comida un **50 % más larga** que la **CABEZA DEL MOSASAURIO.**

La catastrófica EXTINCIÓN DEL K-Pg

Hace unos 66 millones de años, a finales del Cretácico, un enorme asteroide impactó contra la Tierra y envió hollín y cenizas por todo el mundo, lo que bloqueó la luz solar y provocó el colapso de las cadenas alimentarias. Fue en ese momento cuando, de forma abrupta, se extinguieron los dinosaurios en un acontecimiento conocido como la «extinción del K-Pg (Cretácico-Paleógeno)».

La **EXTINCIÓN DEL K-PG** es la **quinta** y **MÁS RECIENTE** gran extinción de los últimos **550 millones de años.**

Todos los **ANIMALES TERRESTRES** que pesaban más de **25 KG** murieron en la extinción; no sobrevivió nada más grande que **UN PERRO.**

Los restos del impacto eran varias veces más calientes que la ***superficie del Sol*** e incendiaron todo lo que se encontraba en un radio de **1610 km.**

El **ASTEROIDE** que **IMPACTÓ CONTRA LA TIERRA** tenía al menos **10 km** de ancho.

La extinción del K-Pg marca el final de la **ERA DE LOS DINOSAURIOS**, que duró unos **165 millones de años.**

Cuando el asteroide impactó contra la **TIERRA**, se lanzaron a la atmósfera **25 millones de toneladas** de **ESCOMBROS**.

Los científicos creen que la fauna de América del Sur tardó **4 millones de años** en recuperarse.

En **HELL CREEK, EE. UU.**, a **3200 km** del lugar del impacto, se han encontrado pequeñas partículas de vidrio llamadas **microtectitas,** formadas por el impacto del asteroide.

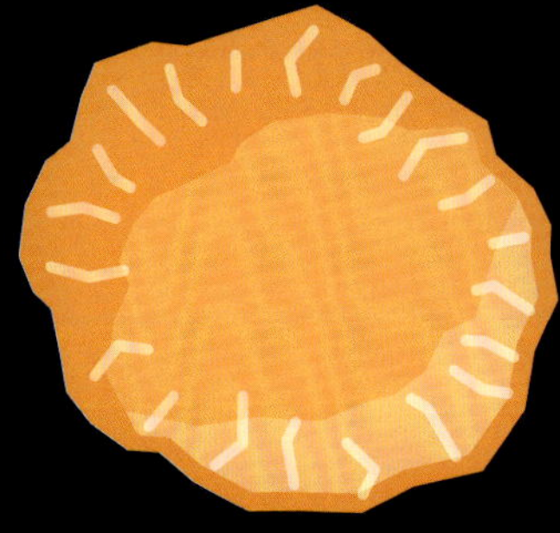

El asteroide impactó contra la **TIERRA** en lo que hoy es México. El lugar del impacto, **EL CRÁTER DE CHICXULUB,** mide unos **180 km** de ancho y se descubrió en **1978.**

El **IMPACTO** fue tan potente que las rocas de la Tierra llegaron a **Marte** (los dos planetas se encuentran, de media, a **401 millones de km** de distancia).

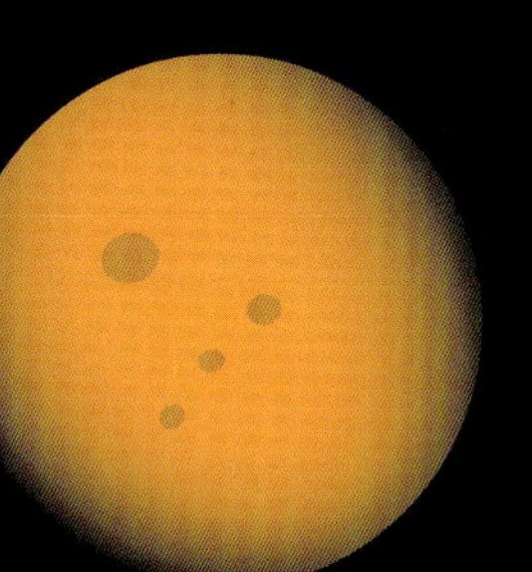

El asteroide impactó contra la Tierra a una velocidad de

72 000 KM/H.

Las erupciones volcánicas masivas fueron otra de las causas probables de la extinción. Más de **500 000 KM²** de la India, una superficie del tamaño de España, quedaron cubiertos por enormes capas de lava, que expulsaban gases.

Alrededor del **75 %** de las especies desaparecieron en la **EXTINCIÓN DEL K-PG.**

Los niveles de **IRIDIO,** un metal que suele encontrarse en los asteroides, son **100 veces SUPERIORES** a los normales en las rocas que se formaron en la época de la extinción de los dinosaurios.

CHICXULUB es el **SEGUNDO CRÁTER MÁS GRANDE DE LA** Tierra, después del cráter de Vredefort, en Sudáfrica, de 2000 millones de años de antigüedad.

DESPUÉS DE LOS DINOSAURIOS

El **KOALA DE LA SELVA PLUVIAL DE RIVERSLEIGH** era **10 VECES MÁS PEQUEÑO** que el **KOALA MÁS GRANDE DE LA ACTUALIDAD.**

El **«LEÓN MARSUPIAL»** ***Thylacoleo*** tenía **2 DIENTES FRONTALES PUNZANTES** de hasta **3 CM DE LARGO** en las mandíbulas superior e inferior, además de una **GARRA MORTAL EN EL PULGAR.**

El **MAYOR MARSUPIAL** conocido era el ***DIPROTODON OPTATUM***, un **PARIENTE** gigante del **UÓMBAT** que medía más de **3,7 m** de longitud.

El **CANGURO PREHISTÓRICO** ***Procoptodon*** solo tenía **1 DEDO** en cada **PIE**, a diferencia de los **4** de los **CANGUROS ACTUALES.**

Hace unos **25 MILLONES DE AÑOS,** los ***Chunía*** eran **ZARIGÜEYAS PRIMITIVAS** que **SOLO SE CONOCEN** por **CRÁNEOS FOSILIZADOS.**

El ***Díprotodon*** pesaba una media estimada de **2800 KG**, **80 veces más** que un **UÓMBAT ACTUAL.**

Se cree que **EL PRIMER MARSUPIAL CONOCIDO** es el ***DELTATHERIDIUM***, una criatura **DEL TAMAÑO DE UNA RATA** encontrada en **MONGOLIA** hace **80 millones de años.**

El ***Díprotodon*** era herbívoro y podía llegar a **MORDER** con una **FUERZA** de **11134 NEWTONS,** algo menos que un **caimán.**

MARSUPIALES
SORPRENDENTES

Este grupo de mamíferos da a luz a crías inmaduras que suelen seguir desarrollándose en una bolsa. Los marsupiales prehistóricos aparecieron probablemente en el Cretácico superior y se extendieron desde América hasta la Antártida y, posteriormente, hasta Australia, donde evolucionaron hasta convertirse en los canguros, zarigüeyas, uómbats y koalas actuales.

Los **MAYORES MARSUPIALES AUSTRALIANOS** se **EXTINGUIERON** hace unos **40 000 años,** posiblemente a causa de la **SEQUÍA** y la **CAZA HUMANA.**

El **MAMÍFERO CARNÍVORO** más grande de Australia era el ***Thylacoleo.*** Pesaba **130 KG** de media, casi lo mismo que una **LEONA.**

Los estudios sugieren que el ***DIPROTODON*** **EMIGRABA** unos **200 KM** a través de Australia cada año.

El **CANGURO MÁS GRANDE DE LA HISTORIA** fue el ***Procoptodon goliah,*** que tenía el rostro plano y, cuando estaba de pie, medía como mínimo **2 m** de altura.

El depredador ***Callistoe***, de **2 m** de longitud, vagaba por Argentina hace unos **50 MILLONES DE AÑOS.**

Como muchos de los **MARSUPIALES DE 4 PATAS** actuales, el ***Callistoe vincei*** tenía una **BOLSA ORIENTADA HACIA ATRÁS.**

El **Macrauchenía** fue descubierto por el famoso naturalista **CHARLES DARWIN**, pero hicieron falta **180 AÑOS** y **20 000 FRAGMENTOS DE ADN** de un fósil para descubrir que estaba emparentado con **LOS CABALLOS Y LOS RINOCERONTES.**

El **Megaloceros** macho tenía una **ENORME CORNAMENTA DE 3,6 m** de ancho, el **DOBLE** de la del **ALCE MACHO**, el ciervo más grande que vive en la actualidad.

Todos los mamíferos ungulados evolucionaron a partir de antepasados con **5 DEDOS** en cada pie, pero algunos dedos **SE LES ATROFIARON** y se quedaron con solo **3, 2 o 1 DEDO.**

El ***MESOHIPPUS*** fue el **PRIMERO** de los **caballos de 3 dedos** y tenía más o menos el tamaño de un **LABRADOR.**

En **1 FÓSIL** de **Mesoreodon** se encontraron **CUERDAS VOCALES** conservadas que revelaron que **PODÍA EMITIR SONIDOS** como los de un **MONO AULLADOR.**

El ***CHALICOTHERIUM*** poseía unas **GARRAS TAN LARGAS** en las **2 extremidades frontales** que tenía que **CAMINAR SOBRE LOS NUDILLOS.**

El ***MEGACEROPS***, de **3 m** de longitud, estaba **EMPARENTADO CON LOS CABALLOS Y LOS RINOCERONTES**, pero, con sus **CUERNOS EN FORMA DE Y** y su **CORPULENCIA**, se parecía más a estos últimos.

Los **uros** eran fuertes **BUEYES SALVAJES** del **PLEISTOCENO DE 1,8 M** de altura. Algunos **TODAVÍA VIVÍAN** en **POLONIA** hace **400 AÑOS.**

MAMÍFEROS CON PEZUÑAS

Los ungulados (mamíferos con pezuñas) aparecieron por primera vez en el Paleoceno hace unos 66 millones de años. Los primeros ungulados no eran más grandes que los gatos, pero las especies posteriores llegaron a ser más altas que los humanos. Algunos se parecían a los caballos y a los ciervos actuales, mientras que otros eran muy diferentes.

El *Macrauchenia* apareció en América del Sur hace **7 MILLONES** de años.

El ***Macrauchenia*** tenía **2 orificios nasales ALTOS EN EL CRÁNEO,** lo que indica que debió de tener una **TROMPA PEQUEÑA.**

Algunos miembros de la **FAMILIA DE LOS BRONTOTERIOS,** entre los que se incluía el ***Megacerops*,** crecieron **1000 veces** a lo largo de **16 MILLONES DE AÑOS.**

Al igual que otros rumiantes, el ***LEPTOMERYX*, QUE SE PARECÍA A UN CIERVO Y MEDÍA 30 CM** de largo, se sacaba la comida del estómago para **masticarla por segunda vez.**

El ***Pelorovis*** fue uno de los **MAYORES BÓVIDOS SALVAJES** de la historia: sus **2 CUERNOS** medían **1 m** de longitud.

El ***Uintatherium*, QUE SE PARECÍA A UN RINOCERONTE,** tenía **6 cuernos romos** en la cabeza y **1 CEREBRO MUY PEQUEÑO** en el interior.

El ***Merychippus*,** que apareció hace **19 MILLONES DE AÑOS,** fue probablemente el **primer caballo QUE SE ALIMENTÓ SOLO DE HIERBA,** a diferencia de sus **ANTEPASADOS,** que comían hojas de otras plantas.

EN 2018, unos pescadores de **IRLANDA DEL NORTE** se llevaron una sorpresa cuando entre sus **CAPTURAS ENCONTRARON** el enorme cráneo de un ***Megaloceros giganteus*** de **10 500 años de antigüedad.**

Se ha hallado el fósil de una **MANDÍBULA** de **5 millones de años de antigüedad** de un **ANTEPASADO DEL ZORRO ÁRTICO** a **4 114 m** de altura, en el **HIMALAYA TIBETANO,** lo que sugiere que evolucionaron allí antes de **TRASLADARSE AL NORTE** durante un **PERÍODO GLACIAL.**

El ***Miacis,*** con una longitud de **30 cm,** era más o menos del **TAMAÑO** de una **COMADREJA** y vivía en **LO ALTO DE LOS ÁRBOLES,** como muchos otros **CANIFORMES PRIMITIVOS.**

El ***EPICYON,*** de hasta **2,4 m** de largo, se considera el **PERRO MÁS GRANDE DE LA HISTORIA:** pesaba casi lo mismo que un **OSO PARDO ACTUAL.**

Descubierto en **1908,** el ***Chapalmalania,*** un antepasado del mapache, de **180 KG,** era tan grande que **SE CREÍA QUE ERA UN OSO.**

Un análisis de **2006** de un **HUESO DE RINOCERONTE DE 15,8 MILLONES DE AÑOS** procedente de **PORTUGAL** reveló que había sido roído por el perro oso ***Amphicyon giganteus.***

Los expertos tardaron **DÉCADAS** en **CLASIFICAR** el misterioso ***EOARCTOS VORAX,*** de **4,3 KG,** así que se apodó **«OSO NUTRIA GATITO».**

Con **3,4 m,** el ***Arctodus,*** el **«OSO GIGANTE DE CARA CORTA»,** era **MÁS LARGO QUE CUALQUIER OSO VIVO,** pero tenía un hocico mucho más pequeño.

El ***HESPEROCYON GREGARIUS*** fue la **primera ESPECIE** de **PERRO.**

CANIFORMES GENIALES

Tras la desaparición de los gigantescos dinosaurios hace 66 millones de años, empezaron a evolucionar mamíferos de mayor tamaño, como los caniformes. Entre ellos se cuentan perros, osos y zorros, así como pinnípedos, como focas y morsas. La mayoría de estos caminaban sobre cuatro patas, tenían hocicos largos y se alimentaban tanto de plantas como de animales.

Los **«PERROS OSOS»** anficiónidos vagaron por **4 CONTINENTES** durante el Mioceno.

Los **caníformes** aparecieron hace **42 MILLONES DE AÑOS** y siguen existiendo en la actualidad.

Los **PRIMEROS OSOS** eran **PEQUEÑOS,** con **CRÁNEOS** de menos de **8 cm** de largo.

El ***Puíjíla darwíní*** tenía un esqueleto parecido al de una **NUTRIA,** pero su cráneo se asemejaba al de una **FOCA,** con **4 DIENTES INCISIVOS** en la mandíbula inferior en lugar de los **6** que tienen las nutrias.

El único **FÓSIL** conocido de ***PUIJILA DARWINI*** se descubrió en **2007.** Estaba **completo en un 65 %** y tiene entre **20 Y 24 MILLONES DE AÑOS.**

Con un peso de unos **75 KG,** el ***AENOCYON DIRUS,*** conocido como **«LOBO GIGANTE»,** era **MÁS PESADO** que los **LOBOS ACTUALES** y es posible que **CAZARA MAMUTS JÓVENES EN MANADA.**

ROEDORES

MORDEDORES

Los antiguos roedores, que aparecieron hace unos 60 millones de años, eran de todos los tamaños y se identifican principalmente por los restos de sus dientes, que son también lo que diferencia a los roedores, como ratones, ardillas y castores, de otros mamíferos, puesto que tienen dos pares de incisivos frontales de crecimiento continuo, que utilizan para roer.

El ***JOSEPHOARTIGASIA MONESI*** fue **EL ROEDOR MÁS GRANDE DE LA HISTORIA** y vivió en América del Sur hace **2,6 MILLONES DE AÑOS.** Con

3 m

de largo, tenía el **TAMAÑO** de un **BISONTE.**

El **CRÁNEO** de ***Josephoartígasía monesí*** media

53 cm.

El ***Josephoartígasía monesí*** podía alcanzar un **PESO** de

1 TONELADA.

Como si fuera una **ARDILLA VOLADORA,** el ***Eomys,*** de **25 cm** de longitud, **SE DESLIZABA** utilizando unas **SOLAPAS DE PIEL** que tenía entre los brazos y las patas.

El **ESQUELETO** fosilizado **MÁS ANTIGUO DE ARDILLA VOLADORA** se encontró en Barcelona, España. Tiene **11,63 MILLONES DE AÑOS,** pero se parece mucho a los esqueletos de las **ARDILLAS GIGANTES** modernas de **ASIA.**

Con **2 PÚAS DE 1,7 CM** sobre la nariz, la **TALTUZA PRIMITIVA *CERATOGAULUS*** es el **ÚNICO ROEDOR CON CUERNOS QUE SE CONOCE.**

El ***Eomys quercyi***, con **25 MILLONES DE AÑOS DE ANTIGÜEDAD**, es un ejemplo temprano de **ROEDOR PLANEADOR.**

En **2019,** una radiografía de fósil de **RATÓN DE BOSQUE** de hace **3 MILLONES DE AÑOS** mostró que tenía **PELO ROJO,** lo que ayudó a los científicos a identificar **PIGMENTOS ROJOS** en el pelo y las plumas fósiles de otras especies.

El ***Neoepíblema acreensís***, pariente de la **CHINCHILLA,** pesaba nada menos que **80 KG,** pero su **CEREBRO** pesaba solo **47 G.**

El ***Castoroídes*** era un **CASTOR** del tamaño de un **OSO** pequeño que vivió entre hace **2 millones y 10 000 años.**

El ***CASTOROIDES*** podía pesar hasta **125 KG, 4 veces MÁS** que un **CASTOR ACTUAL.**

Los **DIENTES SUPERIORES** del ***Castoroídes*** llegaban a medir **15 cm,** casi tanto como un **BOLÍGRAFO.**

El ***Palaeocastor,*** **UN ANTIGUO CASTOR TERRESTRE,** excavaba con sus dientes frontales **MADRIGUERAS EN FORMA DE SACACORCHOS DE 2,5 m** de longitud.

FELINOS

ASESINOS

Los gatos prehistóricos no buscaban un regazo donde acurrucarse. Estos feroces depredadores, entre los que se encontraba el *Smilodon* (un gato con dientes de sable), tenían un cuerpo musculoso y dientes peligrosamente afilados. Los fósiles nos ayudan a determinar la forma y el tamaño de estas bestias, pero aún no han revelado si su pelaje era liso, rayado o moteado.

Los felinos **CON DIENTES DE SABLE** y otros animales similares **APARECIERON** hace unos **56 MILLONES DE AÑOS** y **NO SE EXTINGUIERON** hasta hace **11700 AÑOS.**

El ***Panthera atrox***, o león americano, era un **25 %** **MÁS GRANDE** que los **LEONES ACTUALES** y uno de los mayores **FELINOS** que **HAYAN EXISTIDO JAMÁS.**

Un **LEÓN MODERNO** puede abrir la **MANDÍBULA** hasta un **ÁNGULO MÁXIMO** de **70°.**

La ***mandíbula de un Smílodon*** se podía abrir mucho más, hasta **120°.**

Es posible que el ***Dínofelís,*** de casi **2 m** de largo, se **ALIMENTARA DE LOS PRIMEROS HUMANOS**, ya que sus **HUESOS** se han **ENCONTRADO CERCA DE ASENTAMIENTOS.**

En Nebraska, EE. UU. se encontró **1 DIENTE DE *Nimravus brachyops*** que perforaba el hueso de la extremidad anterior de otro, lo que sugiere que los **2 FELINOS LUCHADORES** podrían haber estado **PEGADOS HASTA LA MUERTE.**

El **ADN** extraído del **HUESO DEL MUSLO** de un ***HOMOTHERIUM*** de **47 000 años de antigüedad** contenía genes asociados a la **CAZA DIURNA** y a la **VIDA EN GRUPO** como los **LEONES.**

Los **2 enormes dientes caninos superiores** del ***SMILODON*** alcanzaban los

25 cm

de longitud. Tenían un borde posterior **EN FORMA DE SIERRA** para **CORTAR A LA PRESA**, pero que se podía romper si golpeaban un hueso.

Existían al menos

3

ESPECIES de ***Smilodon.***

Se han recuperado más de **2 000 *SMILODON FATALIS*** en **LA BREA TAR PITS,** en Los Ángeles, EE. UU.

Existían más de **100** tipos de **FELINOS CON DIENTES DE SABLE.**

El ***XENOSMILUS HODSONAE*** tenía unos **COLMILLOS CURVADOS** de

9 cm

de largo. Se le apoda **«GATO CORTADOR DE GALLETAS»** porque arrancaba **TROZOS SEMICIRCULARES DE CARNE** de sus **PRESAS.**

EN 2023, se descubrieron en Sudáfrica **2 ESPECIES DESCONOCIDAS** de felinos con dientes de sable: el ***Dinofelis werdelini*** y el ***Lokotunjailurus chimsamyae.***

Rinocerontes
ROBUSTOS

Los rinocerontes, conocidos por su dura piel, evolucionaron a partir de pequeños mamíferos ungulados parecidos al tapir hace unos 50 millones de años. Entre los rinocerontes prehistóricos se encontraban el mamífero terrestre más grande de todos los tiempos y unas bestias peludas de dos cuernos que vagaban por el planeta al mismo tiempo que los primeros humanos.

El **ANTEPASADO** más antiguo **DEL RINOCERONTE** es el ***HYRACHYUS EXIMIUS,*** de hace **50 millones de años.** Este **MAMÍFERO SIN CUERNOS** medía **1,5 M** de largo, el tamaño de un **PERRO GRANDE.**

Unas **pinturas rupestres** de **RINOCERONTES LANUDOS** maravillosamente detalladas de hace **30 000 AÑOS** nos los muestran **GOLPEANDO CON LOS CUERNOS** y sugieren que tenían una **FRANJA DE PELAJE OSCURO** alrededor de la mitad del cuerpo.

El ***Paraceratherium linxiaense*** pesaba unas **20 TONELADAS,** lo mismo que un **CAMIÓN DE LA BASURA.**

Los machos adultos de los **RINOCERONTES LANUDOS** tenían un **CUERNO FRONTAL** de hasta **1,35 m** de largo, la altura media de un **NIÑO DE 9 AÑOS.**

Uno de los **primeros** rinocerontes prehistóricos con cuernos fue el ***MENOCERAS,*** un animal del tamaño de un cerdo, con **2 CUERNOS PARALELOS** en la nariz.

Los **CUERNOS DE RINOCERONTE** están hechos de **QUERATINA,** como la de nuestro pelo, de modo que los fósiles son muy raros, pero algunos cálculos sitúan un **cuerno** de ***Elasmotherium*** en **1,8 m**, la altura de un humano adulto.

El ***ELASMOTHERIUM SIBIRICUM,*** el **«UNICORNIO SIBERIANO»,** pesaba unas **3,5 TONELADAS,** **2 veces** el peso de un rinoceronte moderno.

Solo el **CRÁNEO** del ***PARACERATHERIUM*** media **1,3 m** de longitud.

Se cree que el ***Paraceratherium linxiaense*** es el **MAMÍFERO TERRESTRE MÁS GRANDE** de la historia. Se calcula que este **RINOCEROTOIDE** de **26 MILLONES DE AÑOS** era

1,5 m

MÁS ALTO que una **JIRAFA.**

El ***Teleoceras*** pesaba de media

615 KG,

más o menos lo mismo que un **RINOCERONTE DE SUMATRA,** pero tenía el **PECHO ANCHO** y las **PATAS REGORDETAS,** como un **HIPOPÓTAMO.**

Se han encontrado rinocerontes lanudos ***momificados (Coelodonta antiquitatis)*** de **PELAJE ROJIZO** en el **PERMAFROST DE SIBERIA,** donde vagaron por última vez hace

14 000 años.

En el **PASADO** existieron hasta

250

ESPECIES DE RINOCERONTES. HOY solo **VIVEN**

5

especies.

Un estudio de la **COMPOSICIÓN QUÍMICA** de ***42 antiguos dientes de rinoceronte*** de **FLORIDA** demostró que, aunque las especies de ***Teleoceras*** se parecían a los hipopótamos, **NO ERAN ACUÁTICAS** como los hipopótamos.

La **ANTIGUA CAPA DE CENIZA** todavía cubre un tramo de **400 km** de **NEBRASKA.**

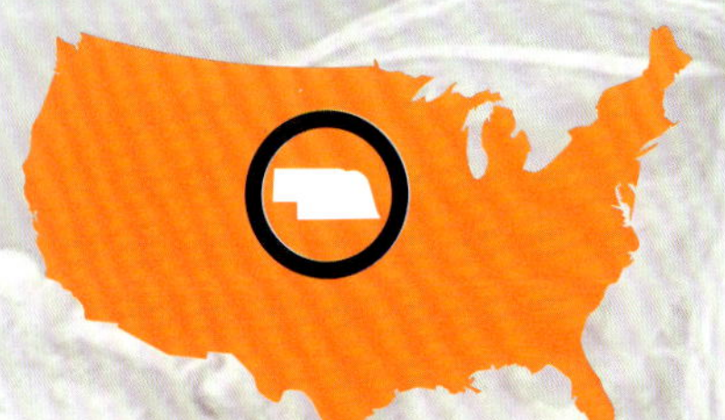

La **ERUPCIÓN DIO LUGAR** a una **capa de ceniza volcánica** de entre **30 cm** y **3 m** **DE PROFUNDIDAD.**

ASHFALL se **DESCUBRIÓ** en **1971** cuando el paleontólogo Mike Voorhies **LOCALIZÓ** el **CRÁNEO DE UNA CRÍA DE RINOCERONTE** cerca de su **CAMPAMENTO TRAS UNAS LLUVIAS INTENSAS.**

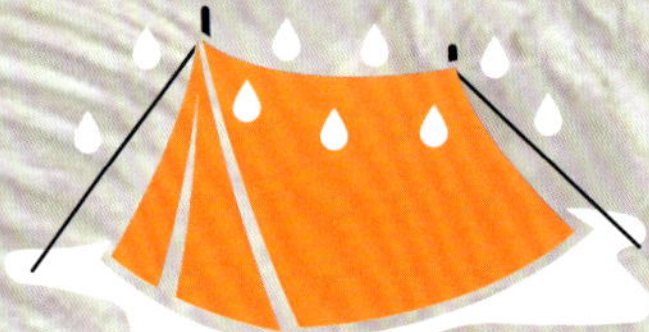

El ***Teleoceras*** era un **RINOCERONTE DE PATAS CORTAS Y PECHO EN FORMA DE TONEL** que llegaba a medir **4 m** de longitud.

Ashfall fue declarado **PARQUE NACIONAL** en **1991.** Los visitantes pueden acceder al recinto cubierto de **1670 m²** en el que **TODAVÍA SE SIGUEN DESENTERRANDO EJEMPLARES.**

Escondidos debajo de un rinoceronte, estaban los huesos de ***Cynarctus,*** un **«PERRO MAPACHE»** triturador de huesos, uno de los **2 ÚNICOS DEPREDADORES** encontrados en el yacimiento.

La explosión fue **1000 veces mayor** que la que ocurrió en el **MONTE SANTA HELENA,** Washington, en 1980, considerada la **ERUPCIÓN VOLCÁNICA MÁS DESTRUCTIVA** de la historia de los Estados Unidos.

Superhallazgos

LOS LECHOS FÓSILES DE ASHFALL

Escondidos entre los maizales del noreste de Nebraska, EE. UU., los lechos fósiles de Ashfall son un extraordinario registro de un ecosistema del Mioceno, atrapado en el tiempo de hace casi 12 millones de años. Tras una gran erupción volcánica, los animales de la sabana se asfixiaron en la ceniza que caía y sus restos se conservaron bajo ella.

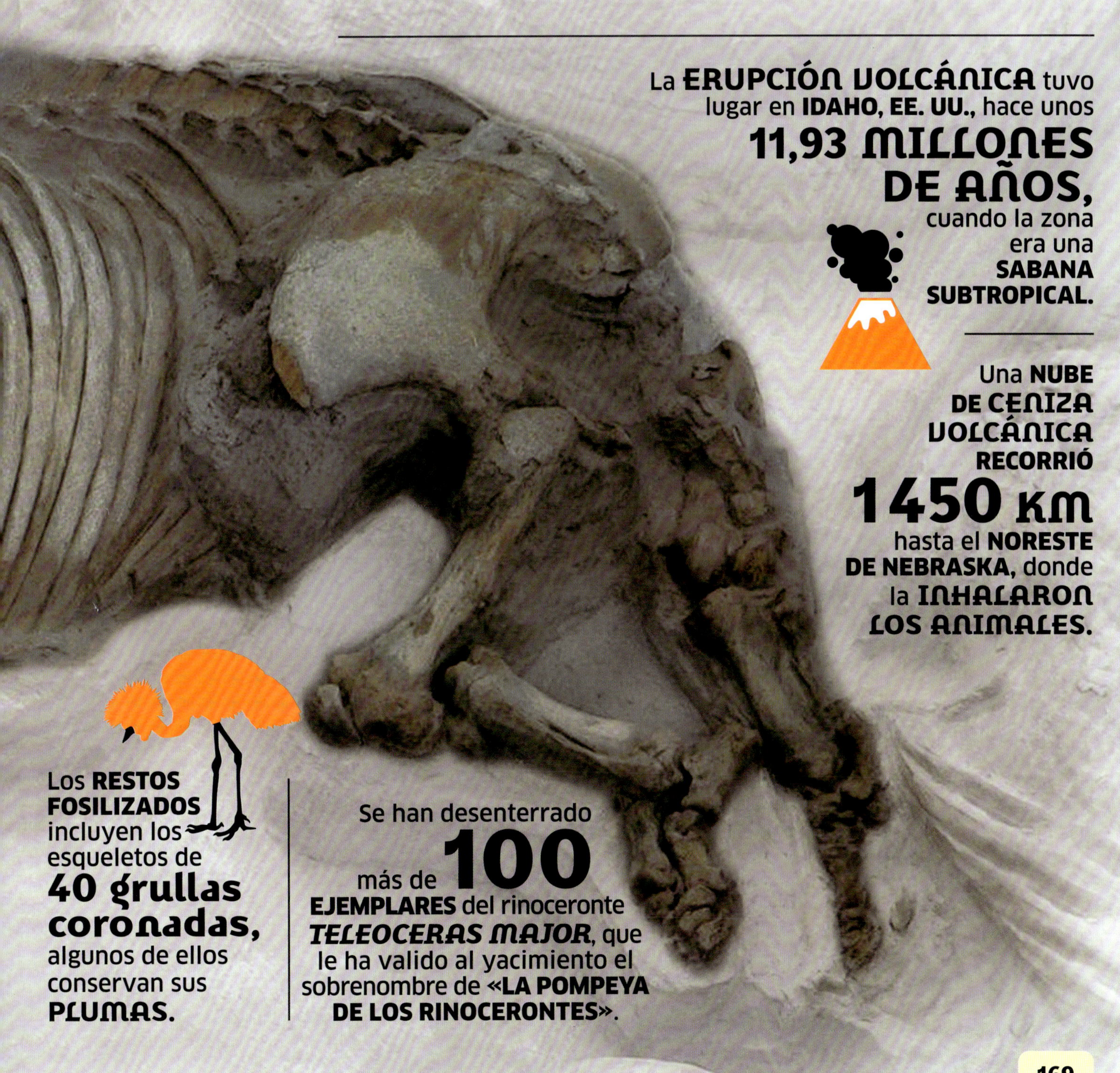

La **ERUPCIÓN VOLCÁNICA** tuvo lugar en **IDAHO, EE. UU.**, hace unos **11,93 MILLONES DE AÑOS,** cuando la zona era una **SABANA SUBTROPICAL.**

Una **NUBE DE CENIZA VOLCÁNICA RECORRIÓ 1450 km** hasta el **NORESTE DE NEBRASKA,** donde la **INHALARON LOS ANIMALES.**

Los **RESTOS FOSILIZADOS** incluyen los esqueletos de **40 grullas coronadas,** algunos de ellos conservan sus **PLUMAS.**

Se han desenterrado más de **100 EJEMPLARES** del rinoceronte ***TELEOCERAS MAJOR***, que le ha valido al yacimiento el sobrenombre de **«LA POMPEYA DE LOS RINOCERONTES».**

BALLENAS

MARAVILLOSAS

Estos gigantescos mamíferos marinos evolucionaron a partir de animales terrestres que se adentraron en el agua hace unos 50 millones de años. Con el tiempo, sus extremidades se adaptaron en aletas, pero seguían respirando al aire libre y alimentando a sus crías con leche. Algunas ballenas prehistóricas eran depredadores alfa (superiores) y, como las orcas actuales, atacaban a otras ballenas.

En un principio, se pensaba que el ***Basílosaurus*** era un **REPTIL MARINO** de **30 m** de largo en lugar de una ballena considerablemente más corta, por lo que se le dio el nombre de **«LAGARTO REY».**

El ***Basílosaurus*** tenía **42 DIENTES TRIANGULARES** para **MORDER** y **APLASTAR A SUS PRESAS.**

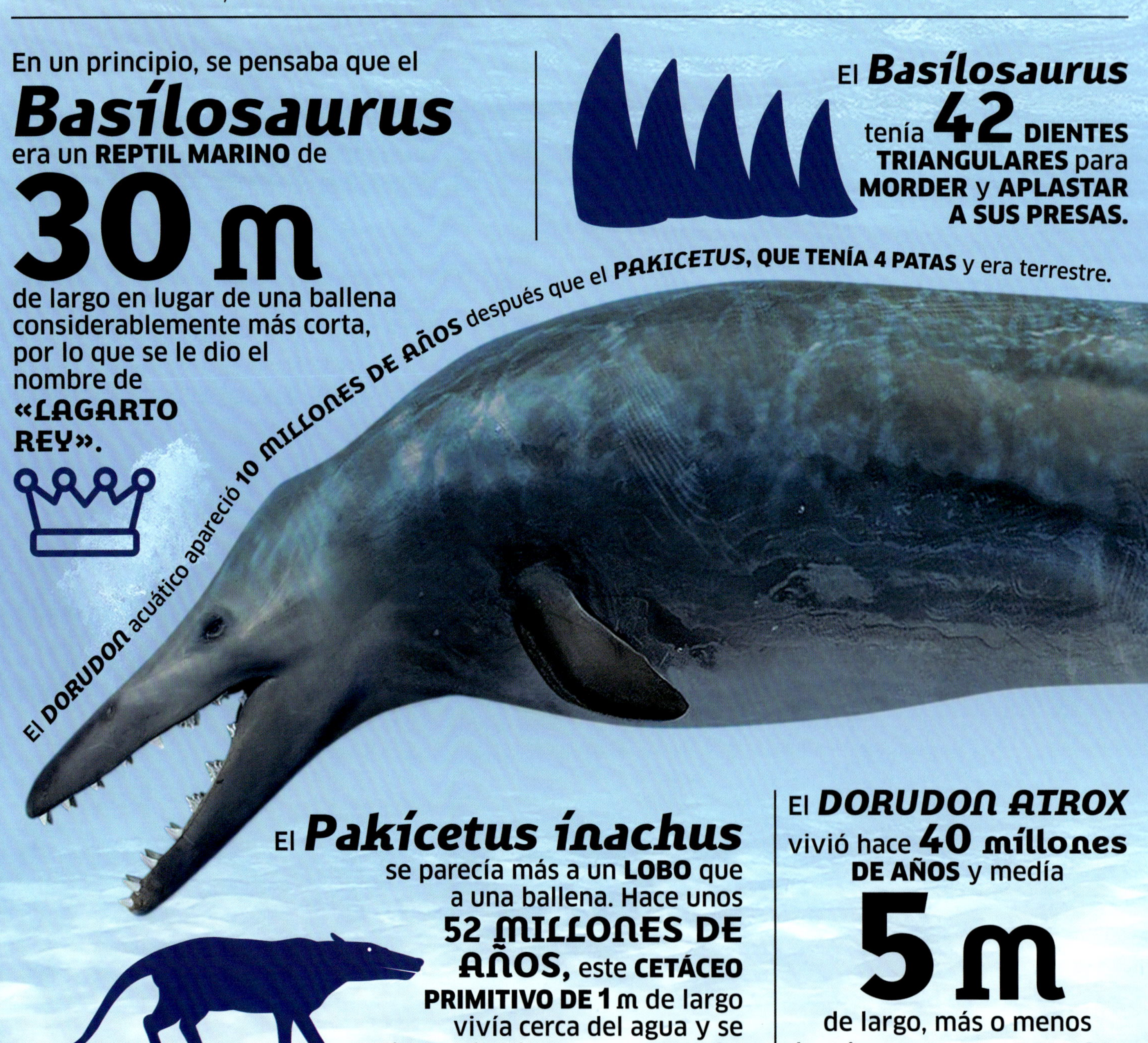

El **DORUDON** acuático apareció **10 MILLONES DE AÑOS** después que el **PAKICETUS, QUE TENÍA 4 PATAS** y era terrestre.

El ***Pakícetus ínachus*** se parecía más a un **LOBO** que a una ballena. Hace unos **52 MILLONES DE AÑOS,** este **CETÁCEO PRIMITIVO DE 1 m** de largo vivía cerca del agua y se alimentaba de carne y pescado.

El **DORUDON ATROX** vivió hace **40 millones DE AÑOS** y medía **5 m** de largo, más o menos lo mismo que una **BELUGA.**

El **Ambulocetus natans**, cuyo nombre significa «**BALLENA ANDANTE**», era un **mamífero con 4 extremidades de 3 m** de longitud, el tamaño de un **LOBO MARINO** macho que **NADABA** como una **NUTRIA** y tenía un **HOCICO LARGO.**

El **Basílosaurus** era un enorme depredador marino que alcanzaba los **18 m** de longitud, tanto como un **CACHALOTE.**

El ***BASILOSAURUS*** era **3 VECES** el tamaño de un ***DORUDON.*** **LOS FÓSILES** sugieren que se alimentaba de las **CRÍAS DE LAS BALLENAS MÁS PEQUEÑAS.**

Las primeras ballenas, como el ***ARTIOCETUS***, tenían **EXTREMIDADES CORTAS** con **manos de 5 dedos** y **pies de 4.** Es posible que **LLEGARAN A LA ORILLA** para aparearse y **DAR A LUZ**, como los **LOBOS MARINOS.**

Una sola **VÉRTEBRA FOSILIZADA DE *Basílosaurus*** pesa **16 KG**, aproximadamente lo mismo que **2 NEUMÁTICOS DE COCHE.**

El ***TUTCETUS RAYANENSIS***, llamado así en honor al **FARAÓN EGIPCIO TUTANKAMÓN**, con solo **2,5 m** de largo, es el **BASILOSAURIO** más pequeño que se conoce.

Con sus **HUESOS GRUESOS Y DENSOS**, la antigua ballena ***Perucetus colossus*** es una posible candidata a ser la **CRIATURA MÁS PESADA** que ha **VIVIDO EN LA TIERRA,** con un peso máximo estimado de **340 TONELADAS.** Sin embargo, varios expertos creen que la **BALLENA AZUL** probablemente siga ostentando el título, con sus **270 TONELADAS.**

UNAS HUELLAS FÓSILES halladas en Argentina en **2023** sugieren que el **AVE DEL TERROR** que las creó corría sobre **2 dedos,** y dejaba el **TERCERO** libre para inmovilizar a su víctima.

Todos los **PÁJAROS DEL TERROR**, también llamados **«FORUSRÁCIDOS»n,** vivieron en América del Sur, **excepto 1,** el ***TITANIS,*** cuyos fósiles se han encontrado en **AMÉRICA DEL NORTE.**

Los parientes vivos más cercanos de las extintas **aves elefantes** de Madagascar son los **KIWIS** de Nueva Zelanda, que comparten un **ANTEPASADO COMÚN** que vivió hace **54 MILLONES** de años.

El ***Titanis*** era **MÁS ALTO** que un humano adulto, medía **2 m** y pesaba **150 KG, EL DOBLE.**

El ***Titanis*** podía correr a **65 KM/H,** casi la velocidad máxima de un **GALGO.**

Cuando se descubrió el ***Phorusrhacos*** en **1887,** se creyó que era un enorme **MAMÍFERO INSECTÍVORO.**

Las **AVES DEL TERROR** tenían **2 alas diminutas** con **GARRAS AFILADAS** en los extremos para atacar y defenderse.

Hoy en día, solo **1 ave,** el **HOAZÍN,** cuenta con **GARRAS QUE PUEDE USAR EN LAS ALAS,** pero solo las tienen los polluelos.

No todas las **aves del terror** eran más altas que nosotros: el ***LLALLAWAVIS SCAGLIAI,*** que se descubrió **EN 2010** y medía **1,2 m** de altura, no daba tanto miedo.

AVES NO VOLADORAS
IMPONENTES

Incluso después de la desaparición de grandes depredadores como el *T. rex*, los dinosaurios supervivientes, en forma de «aves del terror», siguieron reinando durante millones de años. Estas bestias emplumadas de América se alimentaban de animales más pequeños, por lo que su dieta era abundante. Otras antiguas aves no voladoras eran herbívoros pacíficos, pero su aspecto era igual de impresionante.

El ***Vorombe títan,*** un **«PÁJARO ELEFANTE»** de Madagascar, ponía los **HUEVOS MÁS GRANDES DE TODOS LOS VERTEBRADOS.** Con cáscaras de más de **30 cm** de longitud, eran unas **150 VECES MÁS GRANDES** que un huevo de gallina.

El **VOROMBE TITAN**, que no tenía alas, es la **ESPECIE DE AVE MÁS PESADA** que haya existido jamás: con **800 KG,** pesaba casi lo **MISMO QUE UN TORO.**

El ***DINORNIS***, de cuello largo, es el **AVE NO VOLADORA MÁS ALTA** que ha existido, alcanzaba los **3,6 m,** es decir, más o menos **2 veces** la altura del ave más alta de la actualidad, el **AVESTRUZ.**

Los fósiles de ***Títanís,*** de **5 míllones** de años de antigüedad, demuestran que **CRUZÓ MISTERIOSAMENTE** de América del Sur a América del Norte **1,5 míllones** de años antes de que existiera un **PUENTE TERRESTRE** entre ambas.

El ***Dínornís*** apareció por primera vez en **NUEVA ZELANDA** hace unos **2 MILLONES DE AÑOS**, y no se extinguió hasta hace **500 AÑOS,** cazado **HASTA LA EXTINCIÓN** por los humanos.

GLIPTODONTES

CON CAPARAZÓN PESADO

Estas criaturas acorazadas eran unos armadillos gigantes herbívoros que aparecieron hace 38 millones de años. Los gliptodontes vivieron en América del Sur antes de extenderse hacia América del Norte tras la unión de los continentes. Sobrevivieron hasta hace unos 11000 años, cuando convivían con los humanos.

Los **GLIPTODONTES** compartieron las praderas de **AMÉRICA DEL SUR** con los humanos durante más de **2000 años.**

El robusto ***Doedícurus,*** del tamaño de un **COCHE PEQUEÑO,** alcanzaba los **3,6 M** de longitud, casi **50 veces MÁS** que un **ARMADILLO ACTUAL** medio.

El **CAPARAZÓN ACORAZADO** que cubría la **CABEZA** y la **ESPALDA** del ***GLYPTODON*** estaba formado por **1800 ESCUDOS** (escamas óseas).

A pesar de su corpulencia, el ***GLYPTODON*** podía **LEVANTARSE** sobre sus **2 PATAS TRASERAS** y girar **180 grados.**

Al igual que las **VACAS ACTUALES, LOS gliptodontes** tenían **8 DIENTES EN CADA MEJILLA** para masticar plantas, pero **NO TENÍAN COLMILLOS NI INCISIVOS.**

La **ARMADURA** del ***GLYPTODON*** tenía un **GROSOR** de **2,5 cm** en algunas partes.

La **MAYOR** de las especies de ***GLYPTODON*** probablemente **PESABA** unos

2000 KG.

El **CAPARAZÓN** del ***Glyptodon*** podía pesar **500 KG**, el

20 %

de su **PESO TOTAL.**

Los **GLIPTODONTES** tenían patrones de caparazón únicos. El ***GLYPTOTHERIUM*** tenía sobre todo **ESCUDOS** de **6 lados (HEXAGONALES),** en el caparazón.

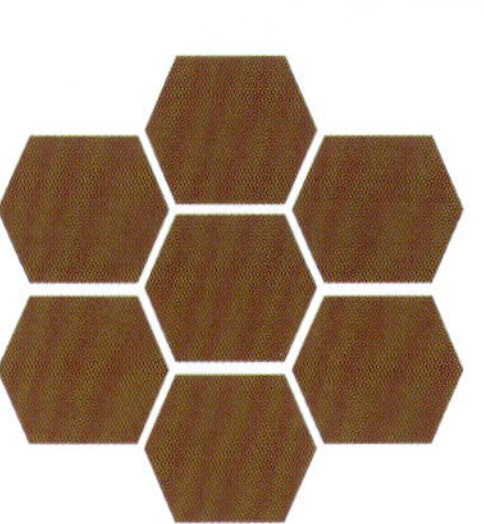

La **COLA** del ***GLYPTODON*** tenía **8-9 anillos** formados por **ESCAMAS GRUESAS Y PUNTIAGUDAS.**

Un fósil de cráneo de ***GLYPTOTHERIUM*** tiene **2 heridas por punción** producidas por la **MORDEDURA** de un **FELINO CON DIENTES DE SABLE.**

El **GLYPTOTHERIUM** fue descubierto por **2 INGENIEROS CIVILES** en **MÉXICO** en la década de **1870.**

El ***Doedícurus*** tenía una **PORRA CON PÚAS** en el extremo de la **COLA,** de **1 M** de largo, que **PESABA** hasta

65 KG.

El ***DOEDICURUS*** podía blandir su letal **COLA EN FORMA DE PORRA** a una **VELOCIDAD** de

54 KM/H

para asestar golpes a sus **RIVALES** y **DEPREDADORES.**

PRIMATES

VIVACES

Los primeros primates empezaron a aparecer tras la extinción del K-Pg. Estas primeras criaturas parecidas a las ardillas evolucionaron hasta convertirse en animales similares a los lémures y monos primitivos, y los simios aparecieron hace unos 25 millones de años. En la actualidad existen unas 500 especies de primates, incluidos los humanos, que se distinguen por su gran cerebro y sus manos con uñas.

El ***GIGANTOPITHECUS*** es el **SIMIO MÁS GRANDE** que ha existido. Con

2,7 m

DE ALTURA, era el **DOBLE DE GRANDE** que un **GORILA.**

El antiguo ***PURGATORIUS,*** del **TAMAÑO DE UN RATÓN,** solo medía

15 cm

DE LARGO.

El ***Notharctus,*** identificado por primera vez en **1870** a partir de una **MANDÍBULA,** se suponía que era un **RINOCERONTE,** pero resultó ser un **ANIMAL ARBORÍCOLA** similar a un lémur de

40 cm

de longitud.

El **PALAEOPROPITHECUS** tenía **HUESOS CURVADOS,** con una **CURVATURA** de **60°** en algunos huesos de los brazos y las piernas.

El **Purgatorius** podría ser el **PRIMATE MÁS ANTIGUO DEL MUNDO,** ya que los fósiles s ugieren que **PODRÍA HABER ESTADO VIVO** cuando el **ASTEROIDE** impactó contra la **TIERRA** hace **66 millones de años.**

El **SAHELANTHROPUS** fue uno de los **primeros simios** en **CAMINAR ERGUIDO,** hace unos **7 MILLONES DE AÑOS.**

El **CEREBRO** del antepasado humano ***HOMO ERGASTER*** medía **850 cm³**, es decir, **500 CM CÚBICOS MENOS** que el de un ***HOMO SAPIENS*** **MODERNO.**

Con un **PESO** de hasta **300 KG,** el ***Gigantopithecus,*** el **MAYOR PRIMATE,** se **DESCUBRIÓ** en **1935** en una tienda de Hong Kong, donde se vendía su molar como **«DIENTE DE DRAGÓN».**

El ***Homo habilis*** **(«HOMBRE HÁBIL»)** apareció hace **2,8 MILLONES DE AÑOS** y fabricaba **HERRAMIENTAS DE PIEDRA.**

Lo que parecían **HUELLAS HUMANAS** en **TANZANIA** resultaron ser de un ***AUSTRALOPITHECUS*** de hace **3,6 millones de años.**

El **DARWINIUS,** que vivió en **ALEMANIA** hace **47 millones de años,** se bautizó así para celebrar el **200.º ANIVERSARIO** del **NACIMIENTO** del naturalista **CHARLES DARWIN.**

El ***Eosimias*** solo pesaba unos **115 G;** este **MINIMONO** era **MÁS PEQUEÑO** que una **MANO HUMANA.**

TOP 5
PEREZOSOS GIGANTES

Durante la última glaciación, había mucha más «megafauna» que hoy en día; es decir, animales que pesaban más de una tonelada. Sorprendentemente, los perezosos prehistóricos se contaban entre los más grandes, con unas estructuras tan enormes que sus esqueletos fósiles se han confundido a menudo con los de los dinosaurios.

1

EREMOTHERIUM • Pleistoceno • **AMÉRICA DEL NORTE Y AMÉRICA DEL SUR** • Tamaño: **6 M** y **6 TONELADAS**

Llamado «perezoso de tierra» porque permanecía en el suelo, este colosal herbívoro, que contaba con unas enormes garras, apareció por primera vez hace 5 millones de años. Con 4 m de altura sobre sus patas traseras, el *E. laurillardi* era la especie más grande y al menos 800 veces mayor que los perezosos arborícolas actuales.

2

MEGATHERIUM

Pleistoceno • **AMÉRICA DEL SUR**

Tamaño: **6 M** y **4,5 TONELADAS**

El *Megatherium* («bestia gigante») sudamericano rivalizaba en tamaño con el *Eremotherium,* su pariente cercano. Vivía en un clima cálido y casi no tenía pelo, como un elefante. En 1788, en Argentina, el descubrimiento de este perezoso gigante desencadenó que se pusieran de moda los fósiles. Unos pocos y escasos hallazgos de huesos fósiles demuestran que hubo otras megaespecies emparentadas con el *Megatherium.*

3

LESTODON

Del Plioceneo al Pleistoceno • **AMÉRICA DEL SUR**

Tamaño: **4,6 M** y **3,5 TONELADAS**

Solo se conoce una especie de este perezoso terrestre con trompa, el *L. armatus,* pero sus fósiles abundan en los yacimientos óseos del Pleistoceno de América del Sur. Recientemente se descubrieron trece *Lestodon* de todas las edades en un yacimiento de Argentina, lo que sugiere que vivían en pequeñas manadas para protegerse de los depredadores.

4

GLOSSOTHERIUM

Pleistoceno • **AMÉRICA CENTRAL Y AMÉRICA DEL SUR**

Tamaño: **4 M** y **1,5 TONELADAS**

Este herbívoro, cuyo nombre significa «bestia con lengua», fue uno de los mayores animales excavadores de todos los tiempos. Dos parientes del *Glossotherium,* el *Mylodon* del sur de América del Sur y el *Paramylodon* de América del Norte, tenían aproximadamente el mismo tamaño.

MAMUTS

MAGNÍFICOS

Este grupo extinto de elefantes, *Mammuthus*, recorrió gran parte de la Tierra durante el Pleistoceno, una época que comenzó hace 2,6 millones de años. Muchos estaban bien equipados para la fría tundra del período glacial gracias a sus pelajes peludos y a su grasa gruesa y aislante. Algunos restos épicos de mamut se han conservado en el permafrost.

El enorme tamaño del **mamut lanudo** lo convertía en un **BLANCO COMPLICADO** para los depredadores; **PESABA** hasta **8 TONELADAS.**

Los **mamuts** podían producir **180 KG** de **EXCREMENTOS CADA DÍA.**

El **MAMUT PIGMEO** ***M. exilis*** **EVOLUCIONÓ AISLADO** en las islas del Canal en California. Era **10 veces MÁS LIGERO** que sus antepasados continentales.

Los **PUEBLOS PREHISTÓRICOS** utilizaban **HUESOS Y COLMILLOS DE MAMUT** para construir **CABAÑAS OVALADAS.** Se han encontrado unos **30 GRUPOS** de estas cabañas en **EUROPA DEL ESTE.**

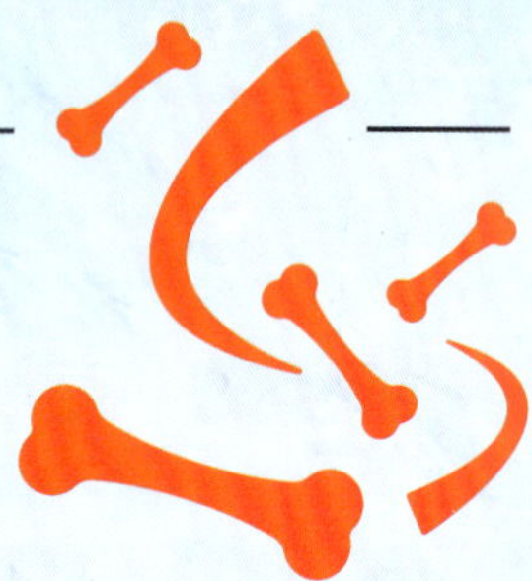

Un análisis químico de los anillos de crecimiento de un **COLMILLO DE 17000 AÑOS DE ANTIGÜEDAD** reveló que en **28 años** el **MAMUT** al que pertenecía **RECORRIÓ** casi **80 500 km,** es decir, casi **DOS VECES LA VUELTA AL MUNDO.**

Un estudio de **98** ejemplares de **mamut lanudo** hallados en **SIBERIA** reveló que el **70 % eran machos,** lo que sugiere que probablemente **VIVÍAN SEPARADOS** de las **MANADAS LIDERADAS POR HEMBRAS.**

Algunos **PELOS DE MAMUT LANUDO** medían **1 m** de largo, la **MISMA LONGITUD** que un **BATE DE BÉISBOL.**

Los enormes **MAMUTS COLOMBINOS** tenían **COLMILLOS RETORCIDOS** de hasta

4,9 m

de largo, el **TAMAÑO** de una **CANOA NORMAL.**

Los **MAMUTS LANUDOS** utilizaban sus

2 colmillos en espiral

para derribar árboles, excavar la tierra y luchar contra otros mamuts.

La momia de una **CRÍA DE MAMUT** de **42 000 AÑOS DE ANTIGÜEDAD,** apodada **«LYUBA»**, fue encontrada por un pastor de renos cerca de un río helado en **2007.** Es uno de los **EJEMPLARES MEJOR CONSERVADOS** de todos los tiempos.

Los mamuts se pasaban hasta **18 HORAS** al día pastando e ingerían **300 KG** de comida.

Tanto los **MACHOS** como las **HEMBRAS** tenían **COLMILLOS,** incluso de jóvenes. Estos **DIENTES FRONTALES ADAPTADOS** les crecían hasta

15 cm

en **UN AÑO.**

El último mamut lanudo **MURIÓ** hace unos

4 000

AÑOS, por lo que **SEGUÍAN VIVOS** cuando se construyeron las **GRANDES PIRÁMIDES** de **GUIZA** en **EGIPTO,** hacia el **2500 a. C.**

Muchos **mamuts** tenían

2 CAPAS DE PELO:

una corta, de color marrón amarillento, cubierta por otra más larga, de color marrón oscuro.

DINOSAURIOS MODERNOS

¿Crees que todos los dinosaurios se han extinguido? ¡Piénsalo bien! Las aves pertenecen al mismo grupo de dinosaurios que el *Velociraptor*: ambos son terópodos bípedos. Las aves con dientes se extinguieron a finales del Cretácico junto con el *T. rex*, pero algunos de sus parientes con pico sobrevivieron, especialmente los que anidaban en el suelo o podían volar.

Los **dinosaurios parecidos a las aves** empezaron a evolucionar hace unos **160 millones de años.**

EN LA ACTUALIDAD, existen unas **11 000 especies** de **AVES.** Por tanto, aunque hasta ahora solo hemos descubierto y bautizado unas **1500 especies extinguidas** de **DINOSAURIOS**, no cabe duda de que hubo miles más.

En **1869**, el naturalista inglés **THOMAS HENRY HUXLEY** fue el **PRIMERO** en sugerir que los dinosaurios y las aves estaban emparentados.

La mayoría de las **AVES MODERNAS** y los **DINOSAURIOS TERÓPODOS** tienen **PIES CON 3 dedos principales** y comparten otras características, como **PICOS, HUESOS LIGEROS** y **PLUMAS.**

Los investigadores compararon el tejido del interior de un **hueso** de ***T. rex*** de **68 MILLONES DE AÑOS** con el de **21 ANIMALES VIVOS** y descubrieron que las criaturas con las proteínas **MÁS SIMILARES** eran los **POLLOS** y los **AVESTRUCES.**

EN LA ACTUALIDAD, el **avestruz**, con **2,7 m DE ALTURA,** es el **AVE MÁS GRANDE** del **MUNDO.**

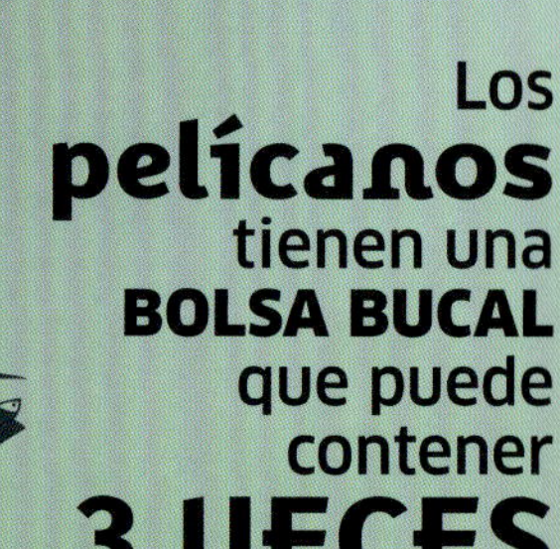

Los **pelícanos** tienen una **BOLSA BUCAL** que puede contener **3 VECES** más pescado que su estómago.

El **avestruz** es el **AVE QUE CORRE MÁS DEPRISA:** es capaz de esprintar a **69 KM/H**. Se cree que el ***Ornithomimus*** podía alcanzar **VELOCIDADES** similares.

Cada dedo interior del pie del **CASUARIO** tiene una **GARRA AFILADA** de hasta **13 cm** de largo con la que corta, como lo hacía el ***THERIZINOSAURUS***.

El **CASUARIO**, de **1,7 m** de altura, amplifica sus gritos a través de un casco que lleva en la cabeza. Es similar a la estructura **EN FORMA DE CASCO** del ***Corythoraptor.***

El **CASCARÓN** del **PICO** del **CÁLAO DE YELMO, DE ASPECTO PREHISTÓRICO,** puede suponer hasta el **10 %** **DE SU PESO CORPORAL TOTAL.**

Con **6 cm** de longitud, el **colibrí zunzuncito** es el **AVE MÁS PEQUEÑA DEL MUNDO,** y también el **DINOSAURIO MÁS PEQUEÑO DE LA HISTORIA.**

El **picozapato** tiene un **PICO GANCHUDO** de hasta **25 cm DE LARGO,** lo bastante fuerte como para **APLASTAR A UNA CRÍA DE COCODRILO.**

El **CHUÑA PATIRROJA**, con una **ENVERGADURA** de hasta **1,2 m** **VUELA**, pero prefiere **DEAMBULAR POR EL SUELO** y matar a sus presas **GOLPEÁNDOLAS CONTRA LAS ROCAS.**

GLOSARIO

Acuático -a
Que vive en el agua o está relacionado con ella. Los animales «semiacuáticos» pasan parte de su vida en el agua.

ADN
Molécula compleja que contiene instrucciones para el desarrollo, el crecimiento y la reproducción. Todos los organismos vivos tienen ADN dentro de sus células.

Aleta
Extremidad ancha y plana que varios animales utilizan para nadar.

Ámbar
Resina de árbol fosilizada. En su interior pueden conservarse organismos.

Anfibio
Vertebrado de sangre fría que puede vivir tanto en la tierra como en el agua, por ejemplo, las ranas y los tritones.

Antepasado
Tipo primitivo de animal o planta a partir del cual se han desarrollado las especies modernas.

Arcosaurio
Cualquiera de los grandes grupos de reptiles que aparecieron durante el Triásico. Incluyen todos los cocodrilos, los pájaros, los dinosaurios y los pterosaurios.

Artrópodo
Animal sin columna vertebral, con patas articuladas, cuerpo segmentado y una piel exterior dura, a modo de caparazón. Algunos ejemplos son los escorpiones, los cangrejos y los milpiés.

Biota
La vida animal y vegetal que se encuentra en un momento y lugar determinados.

Cámbrico
Primer período geológico de la era paleozoica. El Cámbrico empezó hace unos 542 millones de años y se terminó hace 485 millones de años, cuando empiezan a aparecer en el registro fósil muchos grupos animales importantes.

Caniforme
Cualquier carnívoro parecido a un perro del grupo de mamíferos *Caniformia*, como los osos, los lobos y los zorros.

Caparazón
Cubierta o coraza dura y protectora de la espalda de los animales, como los crustáceos y las tortugas.

Carbonífero
Período de la era paleozoica superior. Empezó hace 359 millones de años y terminó hace 299 millones de años; fue una época de grandes invertebrados y diversos anfibios.

Carnívoro -a
Animal que se alimenta de otros animales.

Cartílago
Tejido duro y elástico que se encuentra en el esqueleto de los vertebrados. Algunos peces, como los tiburones, tienen un esqueleto totalmente cartilaginoso.

Cícada
Planta similar a una palmera con hojas que parecen las de un helecho.

Cráneo
Huesos que forman la estructura de la cabeza de un animal y le protegen el cerebro.

Cretácico
Último período geológico de la era mesozoica. El Cretácico empezó hace 145 y terminó hace 66 millones de años, con la extinción de todos los dinosaurios no avianos.

Dentículo
Pequeño diente o saliente en forma de diente en el cuerpo de un animal, a menudo en la piel o en el exoesqueleto.

Depredador
Animal que caza y mata a otros animales para alimentarse.

Descendiente
Persona, planta o animal directamente emparentado con un individuo o especie de una época anterior.

Devónico
Período geológico de la era paleozoica. El Devónico empezó hace unos 419 millones de años y terminó hace 359 millones de años, y se caracteriza por las numerosas especies nuevas de peces que se desarrollaron en los mares devónicos.

Dinosaurio
Cualquier miembro de un grupo de reptiles, en su mayoría extintos, con extremidades erguidas que fueron la forma de vida dominante en la Tierra durante más de 140 millones de años, en la era mesozoica.

Dinosaurio aviano
Un ave. Las aves modernas se consideran dinosaurios avianos, ya que son los últimos supervivientes de un grupo de dinosaurios bípedos llamados «terópodos».

Dinosaurio no aviano
Cualquier dinosaurio que no sea un ave. Todos se extinguieron hace mucho tiempo, el último de ellos durante la extinción del K-Pg, hace unos 66 millones de años.

Ejemplar
Muestra de un animal o una planta que se examina o se exhibe como ejemplo de su especie.

Embrión
Animal o planta que se encuentra en una fase temprana de desarrollo, a partir de un huevo o una semilla.

Envergadura
Longitud máxima que pueden alcanzar las alas. La envergadura se mide de punta a punta.

Equinodermo
Invertebrado marino con una cubierta exterior dura y a menudo espinosa. Los ejemplos modernos, como las estrellas de mar y los erizos de mar, tienen una simetría pentarradial.

Era
Lapso de tiempo muy largo que abarca cientos de millones de años de la historia de la Tierra. Cada era se divide en períodos. Por ejemplo, la era mesozoica se divide en los períodos Triásico, Jurásico y Cretácico.

Escudo
Placa ósea protectora situada bajo la piel o el caparazón de un reptil.

Especie
Tipo de planta o animal. Los individuos que componen la especie pueden reproducirse entre sí para tener descendencia, que también puede reproducirse.

Evolución
Desarrollo gradual de las características de una especie a lo largo de muchos años a medida que se va adaptando a los cambios de su entorno.

Excavación
Acto de excavar en el suelo o remover la tierra para descubrir objetos, como fósiles.

Exoesqueleto
Recubrimiento exterior duro de muchos invertebrados.

Extinción del K-Pg
Extinción masiva causada por el impacto de un asteroide contra la Tierra, que acabó con los dinosaurios no avianos hace unos 66 millones de años. Marca el límite entre los períodos Cretácico y Paleógeno, así como entre las eras mesozoica y cenozoica.

Extinción masiva
Período de tiempo en el que se extingue un alto porcentaje de especies (normalmente, alrededor del 75%).

Extinto -a
Especie que ya no existe y no tiene miembros vivos.

Fémur
Hueso largo del muslo situado en la parte superior de la pata. Generalmente es el hueso más largo del esqueleto de un animal.

Formación
Capa característica de roca.

Fósil
Restos o vestigios de un organismo prehistórico conservados en la roca, que constituyen una prueba física de una vida anterior.

Gen
Instrucción del ADN que codifica una función o un rasgo particular, como el color de los ojos. Los padres transmiten genes a su descendencia.

Hábitat
Entorno natural en el que vive y crece un organismo, como el desierto o el océano.

Herbívoro -a
Animal que se alimenta de plantas.

Huella fósil
Impresión conservada de una planta o un animal en la roca. Estos fósiles no contienen materia orgánica.

Invertebrado -a
Animal sin columna vertebral. Los invertebrados, como los insectos y los moluscos, constituyen la mayoría de las especies animales.

Jurásico
Segundo período geológico de la era mesozoica. El Jurásico empezó hace 201 millones de años y terminó hace 145 millones de años.

Mamífero -a
Cualquier vertebrado de sangre caliente que da a luz a crías vivas y las alimenta con leche, como, por ejemplo, gatos, ciervos y humanos.

Marino -a
Relacionado con entornos de agua salada, como mares y océanos, o que se encuentra en ellos.

Marsupial
Cualquier mamífero que lleva a sus crías en una bolsa sobre el vientre de la madre, como las zarigüeyas y los canguros.

Medio ambiente
Entorno o condiciones en que viven las personas, los animales y las plantas. Incluye el aire, el agua y la tierra, así como otros seres vivos y no vivos.

Mesozoico
La segunda de las tres grandes eras geológicas de la Tierra. El Mesozoico empezó hace unos 251 millones de años y terminó hace 66 millones de años, y se caracteriza por la aparición y la desaparición de los dinosaurios.

Miembro anterior
Extremidad anterior de un animal, como la pata delantera, el ala o el brazo.

Miembro posterior
Extremidad posterior de un animal.

Mioceno
Primera época geológica del Neógeno, marcada por climas cálidos. La época miocena empezó hace unos 23 millones de años y terminó hace 5,3 millones de años.

Neógeno
Época geológica que empezó hace unos 23 millones de años y terminó hace 2,5 millones de años. El Neógeno está formado por el Mioceno y el Plioceno.

Newton
Unidad de medida estándar utilizada para describir la fuerza. Un newton equivale a la fuerza necesaria para mover un metro por segundo al cuadrado un objeto de un kilogramo de peso.

Omnívoro -a
Organismo que se alimenta tanto de plantas como de animales.

Ooespecie
Un ootaxon (tipo de cáscara de huevo), equivalente a una especie, utilizado para clasificar los huevos de dinosaurio fosilizados.

Osteodermo
Depósito óseo, en forma de escama, placa u otra estructura, en la piel de un animal.

Paleógeno
Primer período de la era cenozoica. El Paleógeno empezó hace 66 millones de años y terminó hace 23 millones de años; es la época en que empezaron a desarrollarse los mamíferos modernos.

Paleontología
Estudio científico de la vida antigua, especialmente a través de los fósiles.

Paleontólogo -a
Científico que estudia los fósiles de animales y plantas.

Período
Intervalo de tiempo largo, de millones de años, que suele definirse por las capas de rocas formadas durante ese tiempo, como el Triásico.

Pérmico
Período que empezó hace 299 millones de años y terminó hace 252 millones de años. Finalizó con una extinción masiva que acabó con casi todas las especies animales.

Pez
Animal de sangre fría que vive totalmente en el agua, respira por branquias y carece de extremidades con dedos. Algunos ejemplos son el salmón, el caballito de mar y el tiburón.

Pleistoceno
Época en la que aparecieron los humanos modernos. Empezó hace unos 2,5 millones de años y terminó hace 11 700 años.

Precámbrico
Extenso período de tiempo que comenzó con la formación de la Tierra hace 4600 millones de años y duró hasta el inicio del Cámbrico, hace 542 millones de años. Durante la mayor parte de la era, las únicas formas de vida eran unicelulares y microscópicas.

Presa
Animal que un depredador caza y mata para alimentarse.

Primate
Miembro del grupo de los mamíferos con manos de agarre y cerebros grandes que incluye a los humanos, los lémures y los monos.

Primitivo -a
En una fase temprana de la evolución.

Protomamífero
También conocido como «sinápsido primitivo», antepasado de los mamíferos. Los protomamíferos dominaron la Tierra durante el Paleozoico superior y el Mesozoico inferior.

Pterosaurio
Tipo extinto de reptil volador que vivió durante la era mesozoica junto a los dinosaurios.

Rastro fósil
Evidencia fosilizada de animales o plantas antiguos, como nidos, huellas, heces o madrigueras.

Reptil
Vertebrado de sangre fría, como un lagarto o una serpiente, que está cubierto de escamas o placas óseas. Los reptiles viven principalmente en tierra y ponen huevos para reproducirse.

Reptil marino
Reptil que se ha adaptado a la vida en un medio marino, como los ictiosaurios, los plesiosaurios y las tortugas marinas.

Roedor
Mamífero, principalmente pequeño, como ratones y ratas, que tiene dientes incisivos en continuo crecimiento.

Saurópodo
Dinosaurio cuadrúpedo herbívoro, entre los que se encuentran los animales más grandes que hayan pisado jamás la Tierra.

Supercontinente
Masa de tierra que contiene dos o más placas continentales principales. Algunos ejemplos prehistóricos de la época de los dinosaurios son Pangea, Laurasia y Gondwana.

Terópodo
Cualquiera de los diversos grupos de dinosaurios, en su mayoría carnívoros y bípedos, con manos para agarrar, huesos huecos y a menudo con tres dedos. Algunos ejemplos son el *T. rex* y las aves actuales.

Triásico
Primer período del Mesozoico, que empezó hace unos 252 millones de años y terminó hace 201 millones de años. Los dinosaurios aparecieron a finales del Triásico y el supercontinente Pangea comenzó a fragmentarse.

Vértebra
Cualquiera de los pequeños huesos en forma de disco del esqueleto que se entrelazan para formar la columna vertebral flexible (así como el cuello y la cola) de un animal.

Vertebrado
Animal con columna vertebral.

ERAS GEOLÓGICAS DE LA TIERRA

ERA PALEOZOICA

Devónico
(hace 416 millones de años)
Carbonífero:
Pensilvánico
(hace 318 millones de años)
y Misisípico
(hace 359,2 millones de años)
Pérmico
(hace 299 millones de años)

ERA MESOZOICA

Triásico
(hace 252,2 millones de años)
Jurásico
(hace 199,6 millones de años)
Cretácico
(hace 145,5 millones de años)

ERA CENOZOICA

Paleoceno
(hace 66,5 millones de años)
Eoceno
(hace 55,8 millones de años)
Oligoceno
(hace 33,9 millones de años)
Mioceno
(hace 23 millones de años)
Neógeno
(este período incluye el Mioceno y el Plioceno)
Plioceno
(hace 5,3 millones de años)
Pleistoceno
(hace 1,8 millones de años)

ÍNDICE

A

B

C

D

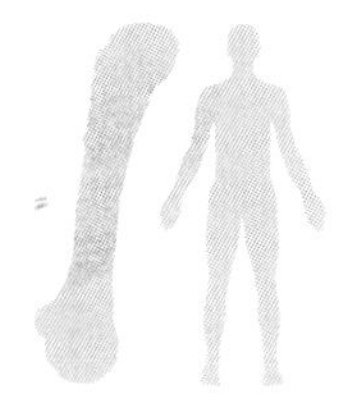

E

G

I

J

K

L

AGRADECIMIENTOS

Los editores quieren agradecer a las personas siguientes su ayuda en la realización de este libro:
Marie Lorimer por el índice; Nick Funnell por la revisión del texto; Claire Lister y Danni Turner por la edición; Andrew Fishleigh, Terry Sambridge, Matthew Taylor, Annie Arnold, Kerry Churcher, y Simon Oliver por el diseño; Suhita Dharamjit y Tanya Mehrotra por el diseño de la cubierta; Dr. Xiaoya Ma y Giquello por el suministro de las imágenes, y Sarah Smithies por la documentación gráfica.

Créditos de las imágenes

Los editores agradecen a las siguientes personas y organismos su amable permiso para la reproducción de sus fotografías:
(Leyenda: a: arriba; b: bajo/debajo; c: centro; e: extremo; i: izquierda; d: derecha; s: superior)
4 Alamy Stock Photo: Stocktrek Images, Inc. (c). **Shutterstock.com:** Esteban De Armas (sd). **5 Alamy Stock Photo:** Daniel Eskridge (sd). **Getty Images:** Mark Garlick / Science Photo Library (si). **Shutterstock.com:** Warpaint (c). **6 Dorling Kindersley:** Colin Keates / Museo de Historia Natural, Londres (bd).
7 Alamy Stock Photo: Science Photo Library (d). **8 Alamy Stock Photo:** Corey Ford (bi). **8-9 Alamy Stock Photo:** Daniel Eskridge. **9 Alamy Stock Photo:** Zoonar GmbH (cd). **Science Photo Library:** Julius T Csotonyi (bd). **10 Alamy Stock Photo:** Dotted Zebra (sc); Mark Turner (bd). **11 Alamy Stock Photo:** Leonello Calvetti (cd); Stocktrek Images, Inc. (tl). **Dorling Kindersley:** Dreamstime.com: Rixie (bd). **Shutterstock.com:** Catmando (sd). **13 Shutterstock.com:** Esteban De Armas. **14-15 Shutterstock.com:** Dotted Yeti. **16-17 Shutterstock.com:** Dotted Yeti. **18-19 Science Photo Library:** Walter Myers. **22 Dr Xiaoya Ma**. **24-25 Shutterstock.com:** Esteban De Armas. **26-27 Getty Images:** Warpaintcobra.
28-29 Shutterstock.com: Catmando. **30-31 Alamy Stock Photo:** Stocktrek Images, Inc. **32 Science Photo Library:** Jose Antonio Peñas. **34-35 Science Photo Library:** JA Chirinos. **36-37 Alamy Stock Photo:** Reinhard Dirscherl. **38-39 Dreamstime.com:** Planetfelicity. **40-41 Science Photo Library:** Jose Antonio Peñas. **42-43 Alamy Stock Photo:** Science Photo Library. **45 Alamy Stock Photo:** Stocktrek Images, Inc. **46-47 Shutterstock.com:** Rodos Studio / Ferhat Cinar. **48-49 Shutterstock.com:** Design Projects (fondo); Warpaint. **50-51 Shutterstock.com:** Catmando. **52-53 Getty Images:** Buena Vista Images. **54-55 Science Photo Library:** Millard H. Sharp. **56-57 Science Photo Library:** James Kuether. **58-59 Dreamstime.com:** Mr1805. **60-61 Science Photo Library:** JA Chirinos. **62-63 Alamy Stock Photo:** Stocktrek Images, Inc. **64-65 Dorling Kindersley:** 123RF.com: Michael Rosskothen. **69 Getty Images:** Mark Garlick / Science Photo Library. **70-71 Science Photo Library:** Mark Garlick. **72-73 Alamy Stock Photo:** Daniel Eskridge. **74-75 Dreamstime.com:** Mr1805. **76-77 Alamy Stock Photo:** MasPix. **78-79 Shutterstock.com:** Elenarts. **80-81 Getty Images:** Elena Duvernay / Stocktrek Images. **82-83 Dreamstime.com:** Mr1805. **84-85 Dreamstime.com:** Planetfelicity. **86-87 Shutterstock.com:** Warpaint. **88-89 Science Photo Library:** Museo de Historia Natural, Londres. **90-91 Shutterstock.com:** Daniel Eskridge. **92-93 Shutterstock.com:** Michael Rosskothen. **94-95 Alamy Stock Photo:** MasPix. **96-97 Shutterstock.com:** Daniel Eskridge. **98-99 Getty Images:** Mark Garlick / Science Photo Library. **100-101 Science Photo Library:** Julius T Csotonyi. **102-103 Science Photo Library:** Martin Shields. **104-105 Shutterstock.com:** Dotted Yeti. **107 Shutterstock.com:** Herschel Hoffmeyer (fondo); Warpaint. **108-109 Science Photo Library:** James Kuether. **110-111 Getty Images:** Elena Duvernay / Stocktrek Images. **112-113 Alamy Stock Photo:** Stocktrek Images, Inc. **114-115 Alamy Stock Photo:** Jos Mara Barres Manuel. **116-117 Dreamstime.com:** Daniel Eskridge. **118-119 Bob Nicholls:** (c). **Shutterstock.com:** Herschel Hoffmeyer (fondo). **120-121 Alamy Stock Photo:** Science Photo Library. **122-123 Alamy Stock Photo:** Michael Rosskothen. **124-125 Science Photo Library:** JA Chirinos. **126-127 Shutterstock.com:** Daniel Eskridge. **128-129 Getty Images:** MR1805. **130-131 Dreamstime.com:** Mr1805. **132-133 Alamy Stock Photo:** Stocktrek Images, Inc. **134-135 Shutterstock.com:** Herschel Hoffmeyer (fondo); Warpaint. **136-137 Giquello**. **138-139 Alamy Stock Photo:** Dotted Zebra. **140-141 Alamy Stock Photo:** Science Photo Library. **142-143 Shutterstock.com:** Daniel Eskridge. **144-145 Alamy Stock Photo:** MasPix. **146-147 Dorling Kindersley:** 123rf.com: Leonello Calvetti. **Shutterstock.com:** Herschel Hoffmeyer (fondo). **148-149 Science Photo Library:** Jose Antonio Peñas. **150-151 Dorling Kindersley:** Dreamstime.com: Planetfelicity. **152-153 Alamy Stock Photo:** Science Photo Library. **155 Alamy Stock Photo:** Daniel Eskridge. **156-157 Roman Uchytel.** **158-159 Dorling Kindersley:** Dreamstime.com: Ralf Kraft. **160-161 Roman Uchytel.** **164-165 Alamy Stock Photo:** Daniel Eskridge. **166-167 Dreamstime.com:** Mr1805. **168-169 Alamy Stock Photo:** Archive PL. **170-171 Science Photo Library:** Roman Uchytel. **172-173 Getty Images:** Sergey Krasovskiy. **174-175 Alamy Stock Photo:** Stocktrek Images, Inc. **176-177 Roman Uchytel.** **178-179 Roman Uchytel**. **180-181 Dreamstime.com:** Junichi Shimazaki. **182-183 Shutterstock.com:** Wirestock Creators.